EMIGRANT DES LEBENS

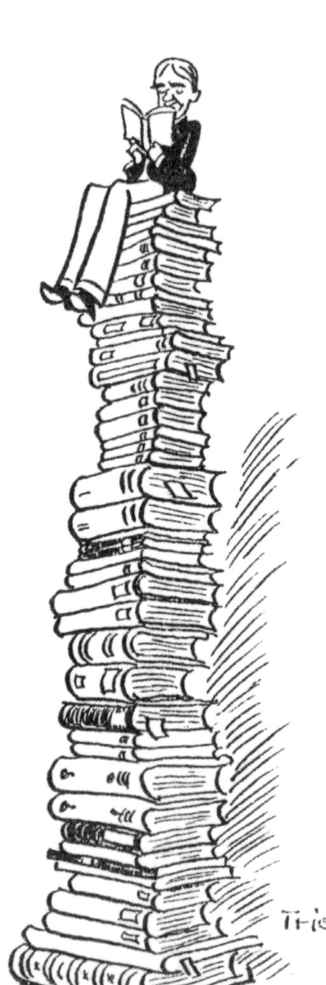

GREGOR EISENHAUER

EMIGRANT DES LEBENS

ERICH KÄSTNERS LETZTE JAHRE

mitteldeutscher verlag

1. Auflage

Bernburger Straße 2, 06108 Halle (Saale)
www.mitteldeutscherverlag.de • info@mitteldeutscherverlag.de

Gesamtherstellung: Mitteldeutscher Verlag, Halle (Saale)
Umschlagabbildung: Erich Kästner, 1961, © Basch, […] / Opdracht Anefo / Wikipedia CC0 1.0 (https://commons.wikimedia.org/w/index.php?curid=36966907)
Frontispiz: Walter Trier, Mann auf Bücherturm, ca. 1960; letzte Seite: Walter Trier, Zeitungsleser, ca. 1950, Quelle: Walter Trier-Archiv, Konstanz

ISBN 978-3-96311-957-6

Printed in the EU

INHALT

Vorwort 7

I. Zu viel des Guten 9

II. Romanzen, aber kein Roman 49

III. Das verlorene Lachen 100

IV. Der Gang vor die Hunde 133

V. Kein ganz glückliches Ende 172

Das Kind ist des Mannes Vater

William Wordsworth

VORWORT

Dies ist ein Buch über die Hinwendung zum Tod. Nicht zu meinem eigenen Tod. Dafür fehlt mir der Mut. Zum Tod Erich Kästners. Erich Kästner hat mir viel bedeutet, als ich ein Heranwachsender war. Er hat sehr vielen sehr viel bedeutet, Kindern wie Erwachsenen. Dennoch starb er einen einsamen Tod. Erich Kästner hat viele Leser glücklich gemacht mit seinen Gedichten und Erzählungen, dennoch war er an seinem Lebensende unglücklich.

Warum das so war, wurde selten gefragt, sei es aus Diskretion oder Scham. Aber am Unglück der anderen ist nichts Beschämendes. Beschämend ist nur die Unterlassung der Frage: Warum bist du unglücklich? Diese Frage ist eine Frage der persönlichen Art. Sie klingt im Folgenden zuweilen fordernder, als es sich gehört. Darf ein Leser diese Frage stellen? Er darf es, wenn er den Autor, über den er schreibt, als Freund sieht. Er darf ihn als Freund sehen, denn jeder gute Autor ist ein Freund des Lesers. Für wen sonst sollte er da sein?

Erich Kästner war ein sehr höflicher Mensch, ein sehr distanzierter. Indiskrete Fragen verbat er sich. Als Autor war er anders. Da wurde er zum freizügigen Doppelgänger seiner selbst und sprach öffentlich über Dinge, die er privat nie preisgegeben hätte. Der Mensch Erich Kästner ist mir fremder als der Autor. Das gibt mir kein Recht zu übermäßiger Neugier. Aber die Neugier richtet sich nicht auf Privates, so seltsam das klingt. Sein Tod war kein privater. Im Tod sind Mensch und Autor eins. Der Tod Erich Kästners gibt auch Auskunft über sein Leben als Dichter.

Wie nah darf man einem Autor treten? Als Leser, als guter Freund, ja, als guter Freund, denn manche Autoren begleiten einen lebenslang. Sie geraten zeitweilig aus dem Blick, weil andere sich wichtig dazwischendrängen, aber echte Freunde unter den Autoren findet ein Leser nicht viele. Bücher, zu denen man zurückkehrt, wenn man sich müde fühlt, oder einsam oder einfach nur traurig. Dann tröstet Pu der Bär. Der Wind in den Weiden scheint wieder zu wehen. Und von Weitem winkt Winnetou und lädt zum Ritt über die Prärie. Wenn Liebeskummer das Herz kränkt, tröstet Jane Austen und plaudert so dahin, bis unter Tränen ein Lächeln hervorbricht. Und wenn man vor lauter klugen Ratschlägen nicht ein noch aus weiß, hilft es, den klügsten Ratschlag zu beherzigen, den ein Dichter je gegeben hat: „Es gibt nichts Gutes / außer: Man tut es."

So ein Buch fürs Leben war Erich Kästners *Fabian*, denn in diesem Buch steht geschrieben, was Liebe ist und Freundschaft, und dass der Weltschmerz kein Ende nimmt, weil das Unglück in der Welt kein Ende nimmt. Aber das ist kein Grund zum Verzweifeln. Weil es die Liebe gibt und die Freundschaft.

Fabian starb einen seltsamen Tod. Er sprang in den Fluss, um ein ertrinkendes Kind zu retten. Das Kind konnte schwimmen. Fabian nicht. Das Kind überlebte. Fabian ertrank. Dieses Ende hat mich lange Zeit empört. Es scheint so sinnlos. So unverständlich. Warum sollte ein Mann das tun? Sterben für ein Kind, das seiner Hilfe gar nicht bedarf. Es sei denn, er ist dieses Kind selbst.

I. ZU VIEL DES GUTEN

„... wenn Erfolg glücklich machen könnte,
müßten Sie eigentlich der glücklichste Mensch
in Deutschland sein."
Stefan Zweig, Januar 1933

Das Kind rennt. Es rennt um sein Leben. Es rennt um das Leben seiner Mutter. Das Kind rennt durch die Straßen, durch die es immer rennt, wenn die Mutter ihren Tod angekündigt hat. Der Zettel auf dem Küchentisch. „Ich kann nicht mehr! Sucht mich nicht!" steht darauf. „Leb wohl, mein lieber Junge!" Kein Wort des Abschieds für ihren Mann, nur für ihren Sohn. Ganz allein an ihn sind die Worte gerichtet. Erich rannte los. Rannte um ihr Leben. „War es noch Zeit, oder war es zu spät?" War sie gesprungen? Von einer der Elbbrücken. Oder wartete sie bereits auf ihn, weil sie genau wusste, dass er sie suchen würde. Er fand sie jedes Mal. Auf einer der Brücken. Redete ihr gut zu, bis sie erwachte aus ihrer Starre. Oder war sie längst wach, weil sie auf ihn gewartet hatte? Eine Schauspielerin ihres Kummers, bis er ihre Hand griff, und sie wieder das Kommando übernahm. „Komm, mein Junge, bring mich nach Hause!"

Szenenwechsel: Die Mutter wartete, bis ihr Junge aus dem Haus war. Dann setzte sie ihren Hut auf und lief ihm heimlich hinterher. Wenn sie fürchtete, dass er sie bemerken könnte, verbarg sie sich hinter Plakatsäulen oder großen, dicken Leuten. Sie ließ ihn nicht aus den Augen, bis er in der Schule verschwand. Das ging einige Tage so, bis sie ihrem siebenjährigen Sohn zutraute, den Schulweg allein meistern zu können. „Dächt ich: ‚Die Ärmste ist übergeschnappt?' Oder: ‚Beobachte ich eine Tragödie?' Oder: ‚Wird hier ein Film gedreht?'"

War sie verrückt, die Mutter? Sie war verrückt. Verrückt vor Liebe. Ihre Macht über den Sohn war absolut, und er war ihr untertan. Ein Leben lang. Noch über ihren Tod hinaus. Erich Kästners Kindheitserinnerungen *Als ich ein kleiner Junge war* erschienen 1957, im Todesjahr des Vaters, die Mutter war schon sechs Jahre tot. Es waren die glücklichsten Jahre des Vaters. Die Jahre der Freiheit, der ungeteilten Liebe des Sohnes.

Was ihr Mann Emil Kästner tat, war in den Augen seiner Frau Ida immer zu wenig. Dennoch blieb er geduldig, ein Leben lang. Es ist eine traurige Geschichte, die Geschichte Emil Kästners, eine Geschichte, die nie erzählt wurde, nie erzählt werden wird. Wie er Jahrzehnte neben einer Frau lebte, die ihn verachtete, die ihn selbst noch im Alter, als sie in Umnachtung versank, quälte, weil er ein Nichts war für sie, ein Niemand. Er hatte kein Glück mit seiner Frau, er hatte Glück mit seinem Sohn, von dem er nicht einmal wusste, ob es sein eigener war.

„Ich liebe ihn doch gar nicht", hatte Ida Augustin ihren Schwestern geklagt, als die sie mit dem Sattler und Tapezierer Emil Kästner verkuppelten – dennoch hatte sie ihn geheiratet. Sie wusste, was ihn erwartete, er nicht. Am 31. Juli 1892 war die Hochzeit, die Hochzeitsnacht, und erst Jahre später, am 23. Februar 1899, wurde Erich Kästner geboren. Da wohnten sie längst nicht mehr in Döbeln, wo Emil Kästner sich mit einer Sattlerei selbstständig gemacht hatte, sondern schon vier Jahre in Dresden. Ida hat lebenslang keinen Hehl daraus gemacht, dass sie ihren Mann körperlich verabscheute. Aber sie wollte ein Kind. Also gab sie sich ihm hin. Oder einem anderen. Vielleicht ergab sie sich tatsächlich ihm, dem Kind zuliebe. Vielleicht suchte sie von Anfang an einen anderen Mann, einen, der etwas darstellte in der Welt. Ida Kästner war eine willensstarke Frau. Sie traute sich viel zu. Weil sie sich selbst nur als Werkzeug sah. Ohne Kind wäre sie in Depressionen versunken. Ganz anders ihr Mann, dem sein Handwerk den Glauben an sich selbst gab. Auch wenn er davon nicht leben konnte, mit der Sattlerei pleiteging und in Dresden in einer Kofferfabrik arbeiten musste. Denn als Handwerker war er tüchtig, aber nicht sehr geschäftssinnig. Er war treu, nie aufbrausend, und selbst im Alter, als sie ihn mit seniler List noch infamer peinigte als in den Jahren zuvor, stand er aufopferungsvoll zu ihr. Ebenbürtig war der Sattlermeister Emil Kästner seiner Frau nur in der Liebe zu seinem Kind, um das sie stritten, als wäre es die einzige Trophäe, die das Leben ihnen je darreichen würde. Und so war es auch. Nach dem Krieg kam das Gerücht auf, dass der wahre Vater Erich Kästners ein ganz anderer sei, der jüdische Hausarzt nämlich, der Deutschland hatte verlassen müssen. Gemessen an der Liebe, die Emil Kästner seinem Sohn entgegenbrachte, gab es allerdings nur einen möglichen Vater, ihn – auch wenn der Sohn sich ihm gegenüber viele Jahre die an Verachtung grenzende Herablassung der Mutter zu eigen machte. Bis er ihn dann im Alter doch noch lieben lernte. Emil Kästner war der Glücklichste in der Familie. Er hatte sich nie etwas vorzuwerfen. Er tat viel mehr als nur seine Pflicht, was sein Sohn ihm in den letzten Jahren dankte, indem er ihn zu sich holte nach München, zu einem Besuch auf dem Oktoberfest. Emil Kästner war mit wenigem zufrieden. „Er war stets ein Meister des Handwerks und fast immer ein Meister im Lächeln."

Ida Kästner war klug und vorausdenkend. Hatte sie sich für einen anderen Erzeuger entschieden, von Anfang an? Wen hatte sie im Blick? Sollte es eine Zufallsbekanntschaft sein oder eine vertraute Person, die ihrem Sohn zur Seite stehen konnte, durch Rat und Tat, und finanzielle Hilfe, wenn sie einmal nicht mehr sein würde? Weil ihr alles zu viel war. Weil sie von der Brücke springen würde. Was gar nicht ihre Absicht war. Oder nur ein wenig, weil sie sich der Liebe ihres Sohnes ganz, ganz sicher sein musste. Sonst wäre das alles nicht zu ertragen gewesen. Ohne Erich keine Zukunft für sie.

Wer half dem Jungen in der Not? Ging er zum Vater? Zu seinem richtigen Vater? In den Erinnerungen erwähnt Erich Kästner nicht, ob sein rechtlicher Vater Emil ihm in diesen Stunden geholfen hat, in den Arm genommen, getröstet. Davon ist nicht die Rede. Erich, früh erwachsen, wendete sich an den jüdischen Hausarzt, Sanitätsrat Doktor Zimmermann. Ein starker Raucher, wie Kästner beiläufig bemerkt, was dennoch auffällt, weil aus dem kleinen Jungen auch ein sehr starker Raucher werden wird. Was die beiden in diesem Erinnerungsmoment verbindet. Aber viel mehr ist da nicht, in dieser Szene, wo es einen Vater mehr noch als einen Arzt gebraucht hätte. „‚Und Sie glauben nicht, daß sie wirklich von der Brücke … vielleicht … eines Tages …?' ‚Nein', sagte er, ‚das glaub ich nicht. Auch wenn sie alles um sich her vergißt, wird ihr Herz an dich denken.' Er lächelte. ‚Du bist ihr Schutzengel.'"

Der Vater, wenn er denn der Vater war, gab seine Verantwortung an den Sohn ab. Vielleicht wusste er auch gar nicht, dass er der Vater war. Eine Affäre, folgenlos. Ida hatte ihn im Unklaren gelassen, er hatte im Unklaren bleiben wollen. Dr. Emil Zimmermann emigrierte 1933 nach Brasilien. Er hat in der Folgezeit keinen Kontakt mehr zu Erich Kästner gesucht.

„Du bist ihr Schutzengel." Ist das ein Glück oder ein Fluch? Für das Kind Erich – ein Fluch. Sein Versagen wäre ihr Tod. Was für eine Verantwortung für einen kleinen Jungen. Einfacher für alle wäre es gewesen, wenn sie ein paar Monate hätte ausspannen können, wie es der Sanitätsrat leichthin empfahl. Geldsorgen hinderten sie. Wäre dieser Arzt tatsächlich Erich Kästners Vater gewesen, wie es Werner Schneyder in seiner Biografie kraft der Aussage des Sohnes von Erich Kästner behauptet, dann hätten beide, Mutter wie Sohn, mehr Hilfe von ihm erwarten dürfen. Wenn tatsächlich alle in der Nachbarschaft von dieser Affäre wussten, dann hätten die Nationalsozialisten Erich Kästner kurzerhand als „Halbjuden" brandmarken können – sie haben es nicht getan.

Es ist ein Rätsel um die Vaterschaft, wie bei allen Helden, das Erich Kästner zeitlebens auch nicht auflösen wollte, eben weil es etwas angenehm Mysteriöses hat. Denn es ist undenkbar, dass Ida Kästner eine fortdauernde Affäre mit dem Arzt unterhielt. Also war es ein einmaliger Schöpfungsakt: „der Erwählte". Diesen Nimbus des Glückskinds wahrte Kästner viele Jahre. Auch wenn er wusste: Es ist ein Verhängnis, ewig Kind sein zu müssen.

Er wurde bemuttert auf alle möglichen Weisen. Der Vater arbeitete in der Fabrik, die Mutter frisierte daheim die Damen der Nachbarschaft, ein Zimmer der kleinen Wohnung war untervermietet, meist an Lehrer. Die Eltern mussten sparen. Dem Jungen fehlte es an nichts, außer an der Freiheit, für sich selbst sein zu dürfen. „Manchmal könnte ich mich fast beneiden!", scherzt Kästner in seinen Erinnerungen. War er zu beneiden? Nein. Zu keiner Zeit. Schon gar nicht in der Kindheit. Ida Kästner war eine unglückliche Frau, die ihr Leben gut im Griff hatte – und ihren Sohn. Den Mann ohnehin. Aber es war zu spüren, für alle, dass sie unter sich selbst litt. Was auch immer zum Wohl Erichs geschah, es war mit Anstrengung verbunden. Es war keine unglückliche Kindheit, denn Glücksmomente gab es viele, es war eine traurige Kindheit. Er konnte nie sorglos Kind sein, denn er war nie frei von Verantwortung. Selbst an den schönsten Tagen des Jahres nicht.

Weihnachten: „Gleich würde ich lächeln müssen, statt weinen zu dürfen." Er stand am Gabentisch und musste sich im „Pendelverkehr" freuen über all die Geschenke, die da präsentiert wurden. Vom Vater und von der Mutter, nicht von den Eltern. Vater und Mutter im Wettbewerb um die Liebe des Sohnes. Wie gelingt es, die Mutter zu bevorzugen, ohne den Vater zu verletzen? Es kann nicht gelingen. Denn sie war unersättlich in ihrem Liebesverlangen. „Ida Kästner wollte die vollkommene Mutter ihres Jungen werden." Alles tat sie für ihn, in der festen Erwartung, dass er es ihr danken würde. „Sie war gut zu mir, und darin erschöpfte sich ihre Güte." Sie verausgabte sich in der Liebe zu ihrem Sohn und vergaß sich selbst darüber. Sie war „eine arme Seele". Das hat ihm das Herz zerrissen, schon als Kind, lange bevor ihm tatsächlich eine Herzschwäche attestiert wurde, als Folge der Schinderei in der Rekrutenausbildung.

Erich Kästners Kindheit war traurig. Daran lässt er keinen Zweifel in seinen Erinnerungen. Er beklagt sich nicht, aber er sagt klar, es war ihm zu viel, ein Zuviel an Liebe. Für das er dankbar war, weil er dankbar sein musste. Er durfte nie versagen, weil er es der Mutter stets recht machen musste. Das ist ihm gelungen. Er war von Anfang an ein Musterschüler – in allem. Er hat sehr selten versagt. Deswegen war die Traurigkeit sehr selten zu spüren. Aber was nach außen hin glücklich wirkte, war mit einer Anstrengung verbunden, die über seine Kräfte ging. Die lange Zeit der Müdigkeit im Alter ist von der Kindheit her zu verstehen.

Was Mutterliebe vermag: eine Glücksgeschichte. Erich Kästners Leben kann als Folge von Glücksmomenten erzählt werden. Ein kleiner Dresdner erobert die Welt. Aber mit seiner Größe durfte man ihm nicht kommen. Denn darüber ärgerte er sich zuweilen, wenn er Hochwüchsigen begegnete, dass er selbst ein wenig kurz geraten war. Aber der Glaube an sich, die Hoffnungen der Mutter ließen ihn über sich selbst hinauswachsen. Er spazierte durchs Leben in seinen jungen Jahren, als führte ihn eine Fee an der Hand. Ein Lächeln wie Hans im Glück. Da sind keine Hindernisse, nur Stolpersteine, die im Nachhinein schmunzeln lassen.

Von der Mutter über alles geliebt. Vom Vater verwöhnt. In kargen Verhältnissen aufgewachsen, aber häufig zu Gast bei den reichen Verwandten, die ihm die Scheu vor den Wohlhabenderen nahmen. Musterschüler. Guter Turner. Gesunde Konstitution, bis ihn auf dem Kasernenhof der Sergeant Waurich in seine Hände bekam. Ein Menschenschinder, der ihm letztlich das Leben rettete. „Der Mann hat mir das Herz versaut. / Das wird ihm nie verziehn." Aber: Das schwache Herz bewahrte ihn vor dem ersten Krieg wie vor dem zweiten. Und es tat seinen Dienst bis zum Schluss, trotz Zigaretten und Alkohol.

Er hatte Lehrer werden wollen, bis er merkte, dass seine Talente zu weitaus mehr taugten. Er blieb nicht an der Universität, obwohl es ihm nicht schwerfiel, akademisch zu denken. Aber schreiben wollte er ganz anders als die Professoren. Er wurde ein guter Journalist und ein noch besserer Satiriker, mit so spitzer Feder, dass in der Leipziger Provinz kein Bleiben für ihn war und er nach Berlin gehen musste. Wo er mit offenen Armen empfangen wurde. Seine natürliche Selbstsicherheit ließ anderen kaum eine Wahl. Ein Augenzwinkern nur, und sein gewinnendes Wesen öffnete ihm Türen, vor denen andere schüchtern verharrten. Stets am richtigen Ort zur richtigen Zeit. Stets wissend, wer ihm hilfreich sein konnte. Aus dem „patentierten Musterknaben" war ein erfolgreicher Schriftsteller geworden, der seinen Witz, je nach Erfordernis, in so charmanter Dosierung darbot, dass ihm die Herzen nur so zuflogen und er sie einfach zusammenband wie Luftballons und sich tragen ließ. Er hatte Glück, wann immer er es brauchte.

Vom Niemand zum Liebling der Welt in nur fünf Jahren. 1928 erschien Erich Kästners erster Gedichtband *Herz auf Taille*, der ihn bekannt machte, berühmt wurde er durch das Kinderbuch *Emil und die Detektive*, das 1929 erschien. Ein kleiner Dresdner erobert die Welt. Emil Tischbeins Geschichte vom Verlieren und Wiederfinden eines Bündels Geldscheine wurde in viele Sprachen übersetzt, mehrfach verfilmt und zum Lieblingsbuch von Millionen Kindern. Als *Das fliegende Klassenzimmer* 1933 erschien, war Erich Kästner ein gemachter Mann, der mit vielem rechnete, nur nicht damit, dass ihm der Gefreite Adolf Hitler aus Braunau am Inn die Zukunft stehlen würde.

Erich Kästner hätte emigrieren können, aber er blieb in Deutschland. Die Gestapo lud ihn zweimal vor, ließ ihn aber wieder gehen. Er konnte arbeiten, wenn auch unter Pseudonym, verdiente mit dem Münchhausen-Drehbuch zum Geburtstagsfilm der Ufa-Filmstudios sehr viel Geld, bis Hitler ihm endgültig das Schreiben verbot. Hitler starb in Berlin; Erich Kästner hat den Krieg überlebt. Wie auch seine Eltern den Krieg überlebten, in Dresden, seiner Heimatstadt. Zerstört. Berlin, ein Trümmerfeld. Aber Erich Kästner gelang noch in den letzten Kriegsmonaten mit einem Filmteam die ministerial genehmigte Flucht ins tirolische Mayrhofen, wo er den Untergang des „Tausendjährigen Reiches" unbeschadet protokollieren konnte. Er zog nach München, war drei Jahre Feuilletonchef der auflagenstarken *Neuen Zeitung*, schrieb fürs Kabarett und auch sonst allerhand für die Großen und die Kleinen. Der Ruhm, der Wohlstand, beides kehrte rasch zurück. Sein Kinderbuch *Das doppelte Lottchen* wurde ein internationaler Erfolg, sein Erinnerungsbuch *Als ich ein kleiner Junge war* vom Publikum geliebt. P. E. N.-Präsident, Büchner-Preisträger, es mangelte weder an Ehrungen noch an Geld. Seine Werke wurden in mehr als dreißig Sprachen übersetzt, über hundert Schulen in Deutschland tragen seinen Namen.

Auf der Sonnenseite des Lebens. Die Frauen liebten ihn auch nach dem Krieg nicht weniger leidenschaftlich als er die Frauen. Er bekam einen Sohn von einer sehr viel Jüngeren, blieb aber seiner alten Lebensgefährtin Luiselotte Enderle treu, mit der er ein kleines Haus mit großem Garten und vielen Katzen im Münchner Villenvorort Bogenhausen bewohnte. Die letzten Jahre wurde es still um ihn, die heitere Resignation des Alters ließ ihn wieder zu jenem Kind werden, das er schon immer gewesen war. Staunend und still blickte er hinaus in seinen Garten, sah den Vögeln bei ihrem bunten Treiben zu und vergaß sich im Nachsinnen über all die gewesenen Turbulenzen. Nicht ganz falsch, aber auch nicht ganz wahr, diese Geschichte.

Warum nicht dabei belassen? Die Vergangenheit soll ruhen. Seine Bücher bleiben ja. Wen kümmert es, ob er glücklich war oder unglücklich, als er sie schrieb? Mich kümmert es. Mich, seinen Leser. Weil es verlogen ist. Weil es die Geschichten nicht verlogen macht, aber doppelbödig. Kein Fundament, wie ich einst glaubte, auf das sich vertrauen lässt. Die Liebe, von der Erich Kästner so viel spricht in seinem Erinnerungsbuch, diese Liebe hat sein Leben ruiniert. Aber das erfährt der Leser erst im Nachhinein. Das Zerstörerische der Liebe kann nur begreifen, wer die ganze Geschichte wissen will. Nicht nur das, was erzählt wird. Sondern auch das, was zwischen den Zeilen steht. „Brauchtest Liebe. Findest keine. / Träumst vom Glück. Und lebst im Leid. / Einsam bist du sehr alleine – / und am schlimmsten ist die Einsamkeit zu zweit.“

Was Mutterliebe vermag: eine Unglücksgeschichte. Es war zu viel Liebe. Immer schon. Als Kind wie als Heranwachsender. Von allem zu viel. Sein Erinnerungsbuch *Als ich ein kleiner Junge war* erschien 1957. Es war eine Reise zu sich selbst. Wie auch die Neuerzählung der Kinderbücher in diesen Jahren. Die Kindheit kehrte wieder, im Guten wie im Schlechten. Sein Erinnerungsbuch versammelt Szenen von großer Grausamkeit, zuweilen sehr beiläufig. Der einsame Vater, von Frau und Sohn ins Abseits verbannt, zu Lebzeiten wie auch in der Erinnerung. Der verarmte Großvater, von seinen reichen Söhnen im Stich gelassen. Die Mutter, die ihrem Kind mit Selbstmord droht. Die Eltern, die nicht nur an Weihnachten an ihrem Kind mit zerreißender Liebe zerren. Der Lehrer, der seinen Musterschüler unter dem Vorwand einer Wanderung zu einer Kletterpartie im steilen Fels zwingt, was er nur mit knapper Not überlebt. Todesängste. Wie viele Tode starb dieser kleine Junge? Wie oft ist er seiner Mutter hinterhergesprungen, im Traum? Wie groß die Ängste, mit denen er allein war, allein gelassen wurde.

Er hat darüber geschrieben. Über diesen Tod, den er gestorben ist. Nicht als Kind, als Erwachsener, der einem Kind helfen wollte. Aber ihm gar nicht helfen konnte. Fabian, der Held des gleichnamigen Romans, der eigentlich *Der Gang vor die Hunde* hätte heißen sollen, ertrinkt. Ein unsinniger Tod. Auch aus literarischer Sicht. Er springt einem Kind ins Wasser hinterher, obwohl er nicht schwimmen kann. Das Kind hingegen kann sehr wohl schwimmen. Zumindest kann es sich ans Ufer retten. Was für eine seltsame, unerklärliche Dummheit, so schien es mir beim ersten Lesen, als ich sechzehn war und alles besser wusste. So etwas vergisst man doch nicht, dass man nicht schwimmen kann. Wie dumm, mein Vorwurf unter Tränen. Denn ich wollte nicht, dass Fabian stirbt, und schon gar nicht wollte ich, dass er einen so unsinnigen Tod stirbt. Warum springt er von der Brücke? Er bringt keinem etwas, dieser Tod. Als tragische Pointe, vielleicht. Aber das ist zu theatralisch. Das ist nicht Kästner. Oder doch? Erich Kästner ist nicht Fabian, aber Fabian stirbt einen Tod, den auch Kästner viele Male gestorben ist. Als Kind wie als Erwachsener. Wie oft wollte seine Mutter von der Brücke springen, wie oft ist sie in seinen Albträumen gesprungen? Wie oft kam er zu spät? Wie oft ist er im Traum selbst ertrunken, bei dem Versuch, sie zu retten? „Du bist ihr Schutzengel." Aber wer rettete den kleinen Jungen? Diese Angst vor dem Selbstmord eines geliebten Menschen sollte ihm noch zum Verhängnis werden. Denn sie verhinderte eine Trennung, die ihm vielleicht ein besseres Lebensende ermöglicht hätte.

Die Ängste seiner Kindheit blieben unausgesprochen. Erst als seine Mutter gestorben war, schien sich Erich Kästner noch einmal auf sich selbst besinnen zu wollen. „Manches, was man als Kind erlebt hat, erhält seinen Sinn erst nach vielen Jahren. Und vieles, was uns später geschieht, bliebe ohne die Erinnerung an unsre Kindheit so gut wie unverständlich." Das ist mysteriös gesprochen, denn 1957, als sein Erinnerungsbuch erschien, war der Autor Erich Kästner erfolgreicher denn je. Kein Grund zur Klage, was die Mehrung seines Ruhms anging. Aber tatsächlich war er sich schon viel früher der Tatsache bewusst, dass da etwas falsch gelaufen war in seinem Leben.

Das Haus Erinnerung. Eine Komödie in einem Vorspiel und drei Akten. Nur das Vorspiel hielt Kästner für gelungen und ließ es als Einakter 1958 in den Münchner Kammerspielen uraufführen. Geschrieben hatte er es bereits Ende der Dreißigerjahre. Ein klassisches Kästner-Szenario. Klassentreffen. Der Professor versammelt seine ehemaligen Schüler, darunter einer, der ihm besonders am Herz liegt. Sein Musterschüler, begabter Schriftsteller, aber lebensuntauglich. „Warum", fragt der Professor, „bist du mit dir so – unglücklich?" Der Musterschüler: „Ich weiß es nicht. *Lächelnd* Ich weiß es nicht, und das ist das ganze ‚Unglück'. *Wieder sachlich, als spräche er über einen Dritten* Je schneller man im Leben vorankommt, umso sicherer glaubt man, auf dem richtigen Wege zu sein. Man freut sich über das Tempo und denkt nicht an die Himmelsrichtung. Sie wird schon stimmen! Was aber, wenn sie nicht stimmt? Wenn man verkehrt läuft?"

Franz Kafka, selbst ein Wanderer mit unsicheren Zielen, hat dieses Dilemma der gefühlten Ausweglosigkeit als Fabel erzählt: „‚Ach', sagte die Maus, ‚die Welt wird enger mit jedem Tag. Zuerst war sie so breit, dass ich Angst hatte, ich lief weiter und war glücklich, dass ich endlich rechts und links in der Ferne Mauern sah, aber diese langen Mauern eilen so schnell aufeinander zu, dass ich schon im letzten Zimmer bin, und dort im Winkel steht die Falle, in die ich laufe.' – ‚Du musst nur die Laufrichtung ändern', sagte die Katze und fraß sie."

Dergleichen Ratschläge hat Erich Kästner viele bekommen: „Du musst nur die Laufrichtung ändern." Von Freunden, von Kritikern, von Nachgeborenen, die alles besser wissen, da die Zeit ihnen die Karten offengelegt hat, die Kästner seinerzeit nur erraten konnte. Denn das Schicksal spielt für gewöhnlich mit verdeckten Karten. Er war immer ein glücklicher Spieler gewesen. Da war immer eine Trumpfkarte in seinem Blatt oder in seinem Ärmel.

Neue Zeiten, neues Spiel. Im Krieg wie im Frieden. Es wurde neu gemischt. Jedes Blatt, das er bekam, war gefühlt ein Verliererblatt. Plötzlich stand er vor dem Nichts. Was die anderen nicht sahen. Er konnte nicht mehr gewinnen. Dieses Gefühl, vom Glück verlassen worden zu sein. Warum? Ausgerechnet er?!

Was tun, wenn man das Glück aus den Augen verliert? „Man könnte", sinniert der Musterschüler in *Haus Erinnerung*, „den Weg schrittweise zurückgehen. Und den Kreuzweg suchen, wo man irrte ... Oder man könnte zum Arzt gehen, wie heute zum Lehrer. Zu einem Seelenarzt, sich aufs Kanapee legen, die Augen schließen und seine Träume erzählen ... Oder die hehre Dichtkunst an den Nagel hängen ... *ironisch auflachend* Oder, ganz im Gegenteil, einen dicken Roman drüber schreiben, unter dem Titel ‚Der Kreuzweg' ..."

Erich Kästner ist weder zum Arzt gegangen, noch hat er den Roman geschrieben. Er ist seinen Weg zu Ende gegangen, wohl wissend, dass es ein falscher war. Warum er das tat? Er konnte nicht anders. Er konnte die Laufrichtung nicht mehr ändern. Warum auch? Es türmten sich keine Hindernisse vor ihm auf. Dem Anschein nach ging es ihm gut. Er hatte alles. Mehr als andere. Mehr als er brauchte. Mehr als er ertragen konnte. Denn er wurde seine Erinnerungen nicht los.

Die Liebe zur Mutter war ein Verhängnis. Auch schriftstellerisch. Die Briefe an sie, *Mein liebes gutes Muttchen, Du!*, ausgewählt und eingeleitet von Luiselotte Enderle, erschienen erst nach seinem Tod. Fraglich, ob er sie selbst in nüchternen Jahren je hätte publizieren wollen. Sie sind schmerzhaft zu lesen, weil im bemühten Ton wie in ihrer inhaltlichen Leere sehr fern dem Kästner, der *Herz auf Taille* geschrieben hat. Sie sind sentimental, was rührt, aber zwanghaft in ihrer immer gleichen Beteuerung einer Liebe, die ihn als erwachsenen Mann zwingt, kindisch zu sein. Nur so kann er sie glücklich machen – indem er lebenslänglich ihr Kind bleibt. Er tut so, als fiele ihm das leicht. Als wäre es ein Glück, so lieben zu dürfen. Mutter und Kind auf ewig eins. Es gibt Umarmungen, die in die Tiefe ziehen. Die keine Luft zum Atmen lassen. Ein ewiges Klammern. Die Mutter fand darin Halt. Der Sohn hingegen ging verloren. Er ging sich selbst verloren, verkümmerte seelisch im Würgegriff. Was er erst sehr spät begriff.

Die Mutter ist nicht von der Brücke gesprungen. Die Mutter ist nicht ertrunken. Sie nutzte seinerzeit ihre Selbstmorddrohungen nur als Bindemittel, so der Verdacht des Sanitätsrates. Fabian ist ertrunken. Anstelle Kästners. Beim Versuch, sich selbst als Kind zu retten, ist der Mann gestorben. Fabian konnte nie erwachsen werden. Fabian konnte weder eine andere Frau lieben noch sich selbst. Die selbstmörderische Logik des Romans folgt keinem gesellschaftskritischen Kalkül. Sie spiegelt die Biografie Kästners. Mit dem Unterschied, dass er sich zu Tode trank, weil er weder zu sich noch zu der Frau stehen konnte, die er liebte. Fabian ist ertrunken, bei dem Versuch, ein Kind zu retten. Er konnte nicht schwimmen. Er hatte nie gelernt, selbstständig zu sein. Hilflos bis zum Ende, weil ewig umarmt. Das ist die Schuld der Mutter. Das ist die Tragödie, die sie gemeinsam aufführten, und die nur wenigen als solche auffiel. „Mein liebes gutes Muttchen du. Dein oller Junge“, zu viele Liebesworte, zu sinnlos die Reihung.

„Es ist nie zu spät für eine glückliche Kindheit.“ Als Erich Kästners Mutter gestorben war, erfand er sich seine Kindheit noch einmal neu. Er las die Bücher von damals und erzählte sie auf seine Weise, den Münchhausen, der sich am eigenen Schopf aus dem

Sumpf zieht. Den Don Quichotte, der gegen Dämonen kämpft, die kein anderer sieht. Den Gulliver, der mal ein sehr großer Mann ist, bei den Liliputanern, und mal ein sehr kleiner, bei den Riesen. Und glücklicher als alle, unglücklicher als alle: Peter Pan. Der ewige Junge, der ganz allein weiß, was Einsamkeit ist. Denn die Erwachsenen haben ihn im Stich gelassen. Und die Kinder werden es auch tun, indem sie erwachsen werden. Nur er bleibt der, der er immer war.

Die Friedensordnung der Alliierten trennte Mutter und Kind. Sie überlebte den Untergang Dresdens, aber sie verwand nie den Abschied von ihrem Sohn. Sie blieb in der alten Heimat, er in der neuen. Erich Kästner wollte nicht zurück nach Berlin. Die Mutter blieb in Dresden. Sie konnten lange nicht zueinanderkommen. Das beschleunigte ihre Umnachtung. Erst im Sanatorium, kurz vor ihrem achtzigsten Geburtstag, gab es ein Wiedersehen. Da war sie schon geistesabwesend. „Wo ist denn der Erich?", fragte sie ihren Sohn. Die Frage war empfindsamer als sie selbst.

Edith Jacobsohn war eine sehr kluge Verlegerin. Nach dem Tod ihres Mannes leitete sie neben ihrem Kinderbuchverlag auch noch die politisch-satirische Wochenzeitschrift *Die Weltbühne* und versammelte regelmäßig ihre Mitarbeiter in ihrem Haus im Grunewald. Auf einem dieser Treffen nahm sie Erich Kästner beiseite und fragte ihn, aus heiterem Himmel, wie er es empfand, ob er „nicht einmal versuchen wolle, ein Kinderbuch zu schreiben".

Wie kam sie auf die Idee? „Warum verfiel die Dame mit dem Monokel, jawohl, sie trug eines, ausgerechnet auf mich?" Erich Kästner gibt keine Antwort auf die Frage. Er redet auf alberne Weise drumherum und gibt so, auf Umwegen, Auskunft. „Sah sie mir die mögliche Eignung an der Nasenspitze an? An meiner

Nasenspitze war, glaube ich, nichts zu sehen." Warum er das Buch dann doch schrieb, obwohl es völlig außerhalb seiner literarischen Interessen lag? „Ich war auf meine Talente neugierig." Das leuchtet ein. Aber eine erfolgreiche Verlegerin wie Edith Jacobsohn war nicht neugierig auf seine Talente im Allgemeinen. Sie sah etwas anderes in ihm. Sie sah das Kind in Erich Kästner. Den kleinen verlorenen Jungen. Der in Not war und Hilfe brauchte. Der das alles gut verbarg, indem er den Witzbold und Charmeur schauspielerte. Aber es war zu spüren. Warum sonst hätte sie den lyrischen Satiriker und politisierenden Feuilletonisten gebeten, ein Kinderbuch zu schreiben. Dass *Emil* auf die Welt kam, verdankt Erich Kästner einer Frau. Dass er berühmt wurde, verdankt er wiederum besagtem *Emil*. Es muss seltsam sein, seinen Ruhm und Reichtum einem Kind zu verdanken. Man ist nie mehr auf Augenhöhe mit seinen Lesern. Litt Mark Twain darunter, dass ihm seine Geschöpfe einfach so auf und davon liefen? Tom Sawyer und Huckleberry Finn wurden viel berühmter als er selbst. Pippi Langstrumpf ist viel, viel bekannter als Astrid Lindgren, Harry Potter beliebter als Joanne K. Rowling. Wer wäre Erich Kästner ohne Emil und seine Detektive? Emil ist der Sohn, der ihn stolz gemacht hat, und reich, und weltberühmt. Ohne *Emil und die Detektive* wäre er als guter Gebrauchslyriker, als mäßig erfolgreicher Romanschriftsteller und glückloser Dramatiker in die Literaturgeschichte eingegangen. Dieses Buch, und all die folgenden Kinderbücher, haben ihn ewig jung sein lassen – und begehrenswert. Junge Frauen verliebten sich in ihn, weil sie sich schon in ihrer Kindheit in seine literarischen Figuren verliebt hatten.

Das Geheimnis seiner Anziehungskraft als Mann: Er war zuweilen wie ein Kind. So wurde er auch in Besitz genommen. Von vielen Frauen. Nicht nur von seiner Mutter, nicht nur von Edith

Jacobsohn und Luiselotte Enderle. Es war seinerseits viel Koketterie im Spiel. Aber letztlich war es ein Verhängnis, denn er war sich dessen nur im Guten bewusst. Wie schön, sich seiner selbst erinnern zu können in aller Unschuld. Erich Kästner – *Das lebenslängliche Kind*. So der Titel einer seiner Komödien. Das war sein Glück, wie viele meinten. Weil er selbst gern betonte, wie bedeutsam es sei, Kind bleiben zu können. „Nur wer erwachsen wird und ein Kind bleibt, ist ein Mensch." Aber was kann ein Mensch tun, der Kind bleibt, obwohl seine Kindheit eine unglückliche war?

Der zwölfjährige Emil Tischbein aus Dresden hatte ihn berühmt gemacht. Über Nacht. *Das doppelte Lottchen* ließ nach dem Krieg seinen Ruhm wieder aufleben. *Der kleine Mann*, zunächst allein, dann gemeinsam mit der *kleinen Miss* hielten die Erinnerungen wach an den Erzähler, der er einmal gewesen war. Aber in den letzten Jahren konnte er an seine frühen Erfolge nicht mehr anknüpfen. Die Geschichten dünnten seelisch aus. Der natürliche Ton wurde Manier. Das Schreiben fiel ihm zunehmend schwerer. Alle Unbeschwertheit war dahin. Warum?

Mag sein, dass er einen Verdacht hatte, ihn geradezu körperlich spürte, als Unwohlsein wahrnahm. Erich Kästner war immer sportlich gewesen, ein guter Tennisspieler, ein selbstsicherer Tänzer. Doch in den Sechzigerjahren wurde er krank, er litt an sich und an seiner Zeit. Er verwahrloste auf grobe Weise, weil er seinen Wert nicht mehr empfand. Weil er sich nicht mehr gewürdigt wusste, trotz aller Ehrungen. Er war aus der Zeit gefallen. Er passte nicht mehr hinein in diese Welt. Da erging es ihm wie Wolfgang Koeppen, wie Irmgard Keun, es war vorbei für Schriftsteller wie ihresgleichen, die sich nicht in die neue Zeit hinüberretten konnten – oder wollten. *Die Welt von Gestern*, die Stefan Zweig vor seinem Selbstmord noch einmal beschworen hatte, als letzte

Erinnerung des Glücks, unter seinesgleichen gewesen zu sein, sie war dahin. Vielleicht begab sich Erich Kästner deshalb auf literarische Zeitreise. In die Welt der Kindheit. Mit seinem Erinnerungsband *Als ich ein kleiner Junge war*, mit den Nacherzählungen seiner Lieblingsbücher Münchhausen, Don Quichotte, Gulliver.

Warum reist ein alter Mann in seine Kindheit zurück, allein? Denn seinen leiblichen Sohn hatte er gehen lassen. Die Mutter seines Kindes auch. Die große Liebe, die er nicht halten konnte, weil er sie nur halbherzig halten wollte. Worauf hoffte er? Dass Peter Pan ihn an die Hand nimmt? Zurück ins Nimmerland. Zurück zu den „verlorenen Jungs"?

„Es ist nie zu spät für eine schöne Kindheit", könnte Erich Kästner erwidern. Und wenn doch? Die Antwort auf die Frage, warum er die beiden Menschen, die ihm vielleicht hätten Glück bringen können, gehen ließ, ist einfach zu geben, aber schwer zu verstehen. Er zögerte. So wie er die Möglichkeit einer Trennung von Luiselotte Enderle durch Zögern vertan hatte. Weil er sie liebte, wie er immer wieder beteuerte. Auf eine Weise, die selbstzerstörerisch war. Die Tragik: Er hätte seiner Mutter die Schuld an dieser Liebe geben müssen. Er gab ihr die Schuld; zwischen den Zeilen seines Erinnerungsbuches ist es zu lesen. Aber es half nicht. Er kam nicht von ihr los. Denn sie war nicht tot, sie war in Gestalt Luiselotte Enderles erneut lebendig geworden. Und wie seine Mutter auch, drohte Luiselotte Enderle mit Selbstmord, falls er sie verlassen würde.

Wenn ein Mann nicht lieben kann, wenn eine Frau nicht lieben kann, dann ist das nicht selten die Schuld der Mutter. Das ist keine Entschuldigung der Väter. Aber sie sind oft abwesend. Unkundig im Einsatz emotionaler Machtmittel. Mütter sind zuweilen anwesend mit einer Gewalt, die den Atem rauben kann.

Nicht körperlich gewalttätig, sondern erdrückend. Das Gewicht ihrer Liebe ist nur schwer zu ertragen. Erich Kästner nannte es zeitlebens Liebe. Dieses Gefühl, das er seiner Mutter zu schulden glaubte. Er blieb ein Kind. Das war sein Verhängnis. Denn er wurde nie erwachsen. Das rächte sich. Vor allem in der Liebe. Denn er konnte sich nicht entscheiden. Hinter vielen Liebesgeschichten verbirgt sich ein Unglück. Denn auf der einen Seite ist immer ein Zuviel. Auf der anderen immer ein Zuwenig. Sehr selten sind Herzen in Balance.

Was die Liebe zweier Menschen vermag und was nicht: Erich Kästner hat Luiselotte Enderle zeitlebens nicht im Stich gelassen. Sie ließ ihn spielen, er hatte Affären, aber gehen wollte er nie. Sie war sein heimatlicher Rückhalt. Sie teilte die Erinnerungen an Leipzig und Dresden. Sie sprach seine Sprache, verstand seinen Humor, spürte seine Verlorenheit. Sie war „Muttchen". Erst als er selbst sich ein letztes Mal verliebte, vielleicht zum ersten Mal wirklich verliebte, begriff er, dass diese Liebe kein Glück gewesen war. Denn diese Zweisamkeit ließ beide einsam zurück.

Erich Kästner war allein, als er starb. Am frühen Morgen in einem Münchener Krankenhaus. Dass es so kam, hat seinen Grund. Er starb allein, weil seine Mutter ihn nie gelehrt hatte, was Liebe ist. Eine unglückliche Kindheit. Vom Anfang, aber mehr noch vom Ende her gesehen. Denn er konnte ihr nie entkommen.

Erich Kästner traf Luiselotte Enderle erstmals 1927 in Leipzig. Sie hat ihn siebzehn Jahre überlebt. Fünfunddreißig Jahre lebten sie zusammen, als Liebende, als Freunde, als Feinde. Sie wurde berühmt unter seinem Namen. Obwohl er sie nie geheiratet hatte, galt sie zum Ende hin als Frau Kästner. Lange war sie stolz darauf, denn sie muss ihn sehr bewundert haben, einst. Obwohl alles mit einer Enttäuschung begann. Denn das war es nicht, was sich die Freundinnen unter einer Party vorgestellt hatten.

Luiselotte Enderle arbeitete in den Zwanzigerjahren für die Familienzeitschrift *Beyers für Alle*, die kurz nach ihrer Gründung hunderttausend Abonnenten verzeichnen konnte. Das wollten Luiselotte und Lena feiern, mit dem großen und dem kleinen Erich, mit dem Karikaturisten Erich Ohser und dem Journalisten Erich Kästner, die beide damals am Anfang ihrer Karriere standen. „Beide waren sehr frech. Fanden wir. Kästner übertraf Ohser bei Weitem. Meine Kollegin Lena und ich konnten ihm dennoch nicht widerstehen. Aber wir widerstanden ihm." Denn Liebschaften im Büro waren nicht erlaubt. Partys außerhalb sehr wohl.

Das Jahr 1927 war ein gutes Jahr für Erich Kästner. Er war Redakteur bei der *Neuen Leipziger Zeitung*, er schrieb schnell, Artikel, Gedichte, auch für andere Blätter, und in einem ganzen eigenen Ton, der ihn rasch bekannt machte. Lehrer hatte er werden wollen, der Mutter zuliebe, aber davon war nun nicht mehr die Rede. Er würde, mit ihrem Einverständnis, berühmt werden als Schriftsteller, dessen waren sich beide sehr sicher. Auch wenn seine Frechheiten nicht allen gefielen, schon gar nicht manchem Vorgesetzten. Bei Frauen hingegen hatte er damit großen Erfolg.

„Wir Mädchen landeten völlig aufgekratzt und albern, jede mit irgendetwas beladen, in der Hohestraße, wo Kästner zwei Zimmer bewohnte. Wir lachten viel und laut und panschten eine Bowle zusammen, in die wir Ananas hineinschnitten. Dann spielten wir Grammophon. Wir saßen nebeneinander auf dem Sofa, wie die Hühner auf der Stange, und fischten, weil wir's chic fanden, mit den Fingern Ananasstücke aus der Bowle. Die Jungs waren sehr langweilig. Da sagte eine von uns dreien: ‚Ihr seid ja heute wahnsinnig lustig!' Bypsilon zog daraufhin kräftig an seiner

Shagpfeife, und der kleine Erich fragte: ‚Woll'n wir's den Mädchen sagen?' Die Jungs nickten. Bedächtig, wie alte Herren. Der ‚kleine Erich' drehte die große Beleuchtung aus, mit der das Fest illuminiert worden war. Nun brannte nur noch eine dezente Lampe auf dem Tisch."

Der kleine Erich und der große Erich, und Paul Beyer, „Bypsilon", der wie Kästner den Krieg überleben sollte und Redakteur der neu gegründeten *Leipziger Volkszeitung* wurde. Erich Ohser, der Illustrator und Zeichner, der unter dem Pseudonym „e. o. plauen" berühmt wurde. Seine Vater-Sohn-Geschichten verkauften sich gut auch nach dem Krieg, den er nicht überlebte. Sein Nachbar hatte ihn im Februar 1944 als Kriegsgegner denunziert, ihm sollte vor dem Volksgerichtshof der Prozess gemacht werden. Robert Freisler, der fanatischste der Ankläger, wollte persönlich an dem Karikaturisten ein Exempel statuieren. In der Nacht vor dem Prozess erhängte sich Erich Ohser. Die Freundschaft zwischen ihm und Erich Kästner hatte in den Kriegsjahren gelitten, weil der kleine Erich dem großen dessen Mitarbeit in der Wochenzeitschrift *Das Reich* nicht verzieh. Zu willig schien er sich den neuen Machthabern angedient zu haben.

Sechs Jahre vor der Machtergreifung Hitlers hingegen gehörten literarische Frechheiten zum guten Ton. Bei der *Neuen Leipziger Zeitung* gab es keine Zensur, da durfte gedruckt werden, was immer die beiden ausheckten, dachten die Freunde – bis zum Tag ihrer Kündigung. Eines Gedichtes wegen. „Abendlied des Kammervirtuosen: Du meine neunte letzte Sinfonie! / Wenn du das Hemd anhast mit rosa Streifen / Komm wie ein Cello zwischen meine Knie, / Und lass mich zart in deine Seiten greifen." Ein wenig albern, ein wenig Karneval, aber in den Ohren der Wahrer deutscher Kultur klangen diese klimpernden Verse wie Blasphemie, denn es war Beethoven-Gedenkjahr, hundertster Todestag! So kam es zur Entlassung, was in Zeiten wirtschaftlicher Unsicherheit dem Traum von künstlerischer Freiheit schnell ein Ende machen konnte. Das wusste Luiselotte Enderle nur zu gut. Denn Frauen hatten es als Journalistinnen besonders schwer. Es sei denn, sie beschränkten sich auf ‚ihre' Themen: Mode, Familie und schönes Heim. Sie fühlte mit ihm: „... ich schaute Kästner an. Zum erstenmal mit anderen Augen. Immer hatte ich mich von ihm attackiert gefühlt. An diesem Abend sah und verstand ich etwas Neues: Auch er brauchte Schutz. Wenigstens den Schutz seiner Freunde." Vielleicht hat sie sich damals schon ein wenig in ihn verliebt. Trotz der Warnung ihrer Vorgesetzten. Denn die hatte vor dem Frauenverderber, dem ‚homme à femmes' Erich Kästner gewarnt. Sie verliebte sich in Erich das Kind. Vor allem aber begriff sie, dass seine Frechheiten nicht nur, aber auch eine Form des Selbstschutzes waren. Niemand sollte ihm zu nah kommen. Alle hielt er mit seiner spitzen Feder auf Abstand.

Der Rauswurf bei der *Leipziger Volkszeitung* erwies sich als großes Glück, denn Erich Kästner verließ die Stadt und zog nach Berlin, wo er in nur zwei Jahren zu einem der bekanntesten Autoren der Weimarer Republik wurde. 1928 erschien sein erstes Buch, *Herz auf Taille*, eine Gedichtsammlung, die seinen frechen Ton zum Markenzeichen der Neuen Sachlichkeit werden ließ. Im Oktober 1929 wurde *Emil und die Detektive* veröffentlicht, Kästners erstes und beliebtestes Kinderbuch, das ihn weltberühmt machen sollte. Und wohlhabend. Erich Kästner leistete sich eine Privatsekretärin, eine kleine, aber elegante Wohnung in der Nähe seiner Stammcafés, und er tat das, was einem Nachfahren der Minnesänger ganz selbstverständlich als vornehme Pflicht auferlegt war: Er sammelte Herzen.

Was Liebe ist, lernte Erich Kästner von seiner Mutter. Es waren keine schönen Lektionen. Seine Mutter war eine Tyrannin der Liebe, die ihren Sohn ganz und gar für sich haben wollte. Schon als Kind war ihm klar geworden, dass Liebe ein Geschäft auf Gegenseitigkeit ist. Er musste für seine Mutter da sein, lebenslänglich, als Sohn, der all die Hoffnungen erfüllte, die sie sich einst vom Leben gemacht hatte – bis eine falsche Heirat sie um ihr Lebensglück brachte. So sah sie es. Aber sie war nicht gerecht. Es war Sadismus im Spiel. Dieser Sadismus spiegelte sich in der Herabwürdigung ihres eigenen Mannes, von dem sie meist nur verächtlich sprach, obwohl er ihr nie Anlass dazu gegeben hatte.

Es gibt Momente, da man vor Erich Kästners Mutter erschrecken kann. Die verzweifelte Wut über das beengte Leben. Die Überfürsorglichkeit in allem, was den Sohn anging. Dreißig Jahre lang schrieben sie sich Briefe, der kleine Erich und seine Mutter, Briefe, die niemals hätten gedruckt werden dürfen. Nicht weil sie so intim sind oder so vertraulich, nein, weil sie in der Menge unsäglich nichtssagend sind. Zumindest in der Fassung, die ihnen Luiselotte Enderle gegeben hat, als sie 1981 eine Auswahl publizierte. *Mein liebes, gutes Muttchen, Du!* Alles geschieht in diesen Briefen im Überschwang, Küsse zahllos, Millionen, Milliarden, Milliardonnen. Wozu? Wenn ein Kuss genügt hätte. Inflation als fortwährende Gefühlsentwertung, sodass Beteuerung auf Beteuerung folgen muss. Es ist Heuchelei in diesen Briefen zu spüren, vonseiten Kästners, oder man ist geneigt, sie ihm zu unterstellen, weil es zuweilen mehr Selbstüberredung zur Liebe zu sein scheint als wirkliches Gefühl.

Die Liebe zwischen Mutter und Sohn wurde noch inniger, als Erich Kästner begreifen musste, dass nicht alle Frauen so aufopferungsvoll wie seine Mutter waren. „Ich glaube, es gibt keine leidenschaftlichen Mädchen mehr. Sie haben sich alle schon so zugrunde onaniert, daß sie Männer einfach nicht brauchen können." Dergleichen Vorwürfe richtete Erich Kästner nicht an die Frauen selbst, denn die, so sein unausgesprochener Verdacht, würden ihn ohnehin nicht verstehen, er richtete sie an seine Mutter, mit der er fortan all seine Liebschaften besprach. Besprechen musste, denn nur bei ihr fand er den Trost, der ihm seiner Meinung nach zustand. Kaum da Erich Kästner ein selbstständig Liebender wurde, war er enttäuscht von den Frauen. Was selbstverständlich deren Schuld war. Dabei war sein eigenes Versagen offenkundig, und es wäre auch leicht zu beheben gewesen. Seine erste Liebe, Ilse Julius, brachte es auf den archimedischen Punkt: „Warum erzählst du ihr jede kleinste Kleinigkeit, ehe Du Dich mit mir verständigst?"

Erich Kästner war ein Trotzkopf. Ein verwöhnter Musterknabe, der ganz selbstverständlich alle Aufmerksamkeit für sich reklamierte. Er wollte geliebt werden, wann immer es ihm passte, wie es ihm passte, und auf genau die Art und Weise, die ihm passte. Das setzte allzeitige sexuelle Verfügbarkeit voraus, wobei das Wollen der Frau zweitrangig war. „Sie macht Unterschiede zwischen Liebe und Bett. Ich kann hierin keinen Unterschied machen. Entweder: Sie hat mich lieb. Oder nicht. Für solche Unterschiede, wie sie machen will, hab ich nicht das geringste Verständnis." Er hatte auch kein Verständnis dafür, dass sich Ilse Julius ernsthafter um Verhütung sorgte als er. Sie hat in „sexueller Bereitschaft" zu sein, was ihr, zu seiner Verwunderung, unangenehm war. Sie fühlte und sah sich unter Druck gesetzt, „solange sie wußte: ich verlange und erwarte von ihr Hingabe".

Und er – versteht ihre zeitweilige Zurückhaltung nicht, wenn er sie solchem Druck aussetzt. Versteht sie nicht. Versteht sich nicht. Er versteht sich und seine Gefühle nicht. Diese erste große Liebe geht in die Brüche. Fortan glaubt er, in der Liebe immer über Scherben laufen zu müssen. Er verflucht Ilse Julius. Er nimmt ihre Bilder von der Wand. Er will „sie verachten wegen ihrer Oberflächlichkeit. Und die 8 Jahre, die ihr trotz allem schön erschienen, verwünschen und sie dazu." Er war persönlich gekränkt in seiner Eitelkeit. Vor allem war er eifersüchtig. Glaubte sich, im Verein mit der Mutter, betrogen in einem „Ausmaße, das wir nur als Detektive überblicken könnten". Denn wenn er nicht der Schuldige ist, es nicht sein kann, muss es ein anderer sein.

Erich Kästner war ein guter Liebhaber, darin waren sich die Frauen einig, aber kein guter Liebender. Was auch immer fehlte zur wirklichen Innigkeit, er wusste es nicht, und er schien sich auch weiter keine Sorgen darüber machen zu wollen. In der Folge reihte Erich Kästner Romanze an Romanze, ohne glücklich zu werden. Die Zwanzigerjahre, und auch die beginnenden Dreißiger, waren in der Liebe freie Jahre, vor allem, weil die Frauen begannen, sich frei fühlen zu wollen. Sie waren bei Affären nicht mehr zögerlicher als die Männer, sie suchten sich das, was sie wollten. Das schien Erich Kästner entgegenzukommen, bis er begriff, dass die Frauen ihm selbst bei diesen unverbindlichen Liaisons viel gefühlvoller entgegentraten als er ihnen. „Wenn mich die Mädels so lieb anschauen, komm ich mir vor wie das Kind beim Dreck."

Im Sommer 1931 steckte er sich mit Gonorrhoe an, was er zu verheimlichen suchte, indem er sich ostentativ mit schönen Frauen zeigte. Die Zahl seiner tatsächlichen Liebschaften ist schwer zu überblicken, auffällig ist nur, dass nie von Abtreibung oder unerwünschter Vaterschaft die Rede ist. Wenn, dann scheint er alles mit großer Diskretion gehandhabt zu haben. Oder die Frauen. Erich Kästner war immer sehr großzügig. Wenn die Frauen lieb zu ihm waren, dann war er auch lieb zu ihnen, was reichliche finanzielle Unterstützung einschloss. Mit Geld knauserte er in seinen Beziehungen nicht. Borstig wurde er nur, wenn es nicht nach seinem Willen ging. Auch literarisch vergriff er sich dann auffällig im Ton. Schlimmer noch als die ironische Ode *An ein Scheusal im Abendkleid* ist das Gedicht *Sogenannte Klassefrauen*, in dem er weit über das satirische Ziel hinausschießt. Es beginnt harmlos:

> „Sind sie nicht pfuiteuflisch anzuschauen?
> Plötzlich färben sich die Klassefrauen,
> weil es Mode ist, die Nägel rot!
> Wenn es Mode wird, sie abzukauen
> oder mit dem Hammer blauzuhauen,
> tun sie's auch. Und freuen sich halbtot."

Aber es endet als lyrische Hasstirade, in der er sich vollkommen im Ton vergreift:

> „Wenn's doch Mode würde, zu verblöden!
> Denn in dieser Hinsicht sind sie groß.
> Wenn's doch Mode würde, diesen Kröten
> jede Öffnung einzeln zuzulöten!
> Denn dann wären wir sie endlich los."

Diese Rohheit mag aus innerer Verletztheit herrühren, aber die sadistische Tötungsfantasie übersteigt das Übliche an Rachegelüsten um ein unbegreifliches Maß. Da gibt es nichts zu lächeln, nichts zu überdenken, es ist nackter Hass. Frauen, die über ihr Leben selbst entscheiden wollten, waren Erich Kästner zutiefst zuwider.

Im November 1937 kam auch Luiselotte Enderle nach Berlin. Sie arbeitete nach wie vor als Redakteurin, wechselte dann aber als Dramaturgin in die Babelsberger Filmstudios, was sich als großes Glück für beide erweisen sollte. „Wir verliebten uns plötzlich. Es war nicht programmgemäß." Nichts in dieser Beziehung war programmgemäß. Im Frühjahr 1939 kamen sie zusammen. Kriegsbeginn. Kein gutes Jahr für die Liebe. Als 1944 seine Wohnung ausbrannte, zog er zu ihr, in eine Zweizimmerwohnung mit Wasserschäden und durchweichter Zimmerdecke, ein sehr fragiles Dach über dem Kopf, aber ein vorläufiges Zuhause. Dank vieler Freunde litten sie nicht Hunger, und sie konnten, wenn große Bombenangriffe drohten, immer wieder hinaus aufs Land flüchten. Aber der drohenden Gefahr einer Verhaftung vermochte er so auf Dauer nicht zu entkommen. Erich Kästner war wiederholt bei der Gestapo vorgeladen worden, und nun, in den letzten Kriegsmonaten, fürchtete er die tödliche Willkür des Regimes angesichts der unausweichlichen Niederlage. Wahllos wurden vermeintliche oder tatsächliche Regimegegner inhaftiert, gefoltert, liquidiert.

Dass Erich Kästner den Krieg überlebte, verdankte er Luiselotte Enderle. Sie lotste ihn als Dramaturgen in die vielköpfige Filmcrew, die wenige Wochen vor Kriegsende nach Südtirol reisen durfte, um dort für die Zeit nach dem „Endsieg" einen Propagandafilm zu drehen. So entkamen sie dem Untergang Berlins. In Tirol waren die Großstädter keineswegs willkommen, und auch München bot anfangs wenig Grund, sich heimisch zu fühlen. Aber nach Dresden, in die sowjetische Besatzungszone, führte schon gar kein Weg zurück, auch wenn dort seine Eltern auf ihn warteten.

Warum sind beide nicht nach Berlin zurückgekehrt, wo sie am glücklichsten waren? Praktische Gründe. Zwar erhielt Erich Kästner als vielfach beglaubigter Regimegegner etliche Stellenangebote, aber keines bot so viele publizistische Einflussmöglichkeiten wie der Redakteursposten, der ihm dank der Fürsprache seines alten Freundes Peter de Mendelssohn von der *Neuen Zeitung* angeboten wurde. Das Blatt erzielte rasch eine Millionenauflage, auch dank Erich Kästner und Luiselotte Enderle, die er mit in die Redaktion holte.

Ein Neuanfang schien gemacht. Aber, was in der Aufbruchsstimmung der ersten Nachkriegsjahre nicht zu ahnen war, die Zukunft zeigte sich für Männer viel offener als für Frauen. Für die Aufräumarbeiten wurden sie gebraucht, aber als das Wirtschaftswunder sich andeutete, die Hierarchien sich allmählich wieder konsolidierten und das Leben erneut ein vermeintlich normales zu werden schien, waren auch die Frauen plötzlich verpflichtet, wieder mehr Frau zu sein. Die Zwanzigerjahre waren verdrängt und vergessen, die intellektuelle, die sexuelle Befreiung, sie schien nie stattgefunden zu haben. So stockend die Entnazifizierung in der Politik in Angriff genommen wurde, vor dem nationalsozialistischen Frauenbild schien sie vollends haltzumachen. Frauen waren Mütter oder sie waren nichts. Was übertrieben scheint, wenn der Blick auf weibliche Karrieren in der Film- oder Musikindustrie fällt, aber überall sonst waren Frauen nicht mehr erwünscht in prominenter oder gar leitender Funktion – das musste auch Luiselotte Enderle bald erfahren. Die Prominenz ihres Lebensgefährten nützte ihr da wenig. Nach dem gemeinsamen Intermezzo bei der *Neuen Zeitung* war sie zunächst Redakteurin der *Münchner Illustrierten*, wurde dort aber hinausgedrängt, auch bei der *SZ im Bild* hat man sie, nach eigener Einschätzung, kalt „abserviert". Fortan war sie auch literarisch nur noch die Frau an Erich Kästners Seite. Sie schrieb seine Biografie, in enger Absprache mit ihm selbst, sie veröffentlichte diverse Auswahlbände seiner Schriften, sie gab seine Briefe heraus, sie war seine literarische Testamentsverwalterin. Aber als Persönlichkeit geriet sie immer mehr in den Hintergrund.

Je erfolgreicher Erich Kästner wurde, je geschmeidiger er sich in seine Rolle als literarischer Repräsentant des neuen demokratischen Deutschlands hineinzufinden schien, desto mehr verkümmerte Luiselotte Enderle. Ihr seelischer Niedergang war nicht augenscheinlich, auf den bekannten Bildern, die beide zusammen zeigen, ist wenig davon zu ahnen. Sehr repräsentativ wirkt sie, lächelnd, zugewandt. Lebensfroh wollte sie scheinen, wie in den Leipziger, den frühen Berliner Jahren. Aber Erich Kästner entzog sich ihr in allem, als Kollege, als Freund, als Liebender. Dennoch wohnten sie zusammen. 1953 zogen sie in eine Doppelhaushälfte in der Flemingstraße, großer Garten, viele Katzen, eine Aufwartefrau, ein Gärtner, ein Idyll am Herzogpark, in dessen vier Wänden sich wenig Idyllisches zutrug. Der Hausrat entsprach Luiselotte Enderles Geschmack, Erich Kästner trug kaum mehr als seine Bibliothek und seine Schreibmaschine dazu bei. Sein Lieblingsplatz war am Wohnzimmerfenster, wo er freien Blick in den Garten hatte.

Die beiden lebten konsequent aneinander vorbei, ein Verhältnis wie „Waschfrau und Nachtwächter", spottete sie öffentlich. Sein eigentliches Büro war das Kaffeehaus, dort traf er seine Sekretärin, seine Kollegen, seine Verleger, dort erledigte er seine Post, dort akquirierte er neue Liebschaften. Abends blieb er eine Weile zu Hause, man sah gemeinsam fern, dann verabschiedete er sich mit dem üblichen Abschiedsgruß: „Jetzt geh ich auf Montage."

Auf öffentlichen Veranstaltungen und Kongressen begleitete sie ihn, wurde aber nicht selten von den Offiziellen geschnitten, eben weil sie nicht seine Frau war und dennoch gern als Frau Kästner tituliert wurde. „Sind Sie denn nun mit Kästner verheiratet oder nicht?", fragte im größeren Kreis eine ehemalige Kollegin, deren Namen sie daraufhin sofort und für immer vergaß. Luiselotte Enderle konnte sehr scharfzüngig sein, sehr rachsüchtig und sehr auftrumpfend, was blieb ihr auch anderes übrig, da Kästner sie zunehmend in die Rolle der haushütenden Wirtschafterin drängte, während er an die Erfolge der Berliner Jahre anknüpfen wollte und konnte, zumindest auf amourösem Terrain.

Nach den Entbehrungen des Krieges fand Kästner körperlich bald wieder zu alter Form zurück. Er spielte Tennis, war braun gebrannt, wirkte sportlich durchtrainiert. „Wir sehen nicht nur länger jung aus", schrieb er stolz seinem Freund, dem Zeichner Walter Trier, „sondern wir sind's auch." Ein Trugschluss, denn Walter Trier, der das berühmte Buchcover für *Emil und die Detektive* geschaffen hatte, starb bereits 1951, und Erich Kästners Hochphase dauerte kaum mehr als ein Jahrzehnt.

In den Fünfzigerjahren unterhielt er Beziehungen zu mehreren Freundinnen, phasenweise gleichzeitig, was, wie in den Biografien nachzulesen ist, einen erheblichen logistischen Aufwand erforderte. All seine Freundinnen wussten von der undankbaren Rolle Enderles, aber sie wussten nichts voneinander. Jede bekam ihr Maß an Zuwendung, auch finanziell, keine sprach je schlecht über Kästner, und er war jeder treu, auf seine Weise, die es zu respektieren galt. Es kam ihm sehr gelegen, wenn die Geliebte ein Kind hatte, sofern es nicht von ihm war, denn dann war er weniger in der Pflicht – als Erzeuger wie als Lebensgefährte.

Ein guter Liebhaber war er nach wie vor, charmant ohnehin, gut aussehend, die Frauen schwärmten von seinem dichten Haar, wellig mit silbernen Schläfen, attestierten bewundernd „eine ungeheure Wirkung" auf die Geschlechtsgenossinnen. Derer er sich bewusst war und die er gern auslebte. Allein mit der 23-jährigen Helga Veit, einer alleinerziehenden Studentin, traf er sich zeitweise dreimal die Woche. „Es wird höchste Zeit, hm?“, schrieb er an sie. „Vorhin hab ich auf der Straßenbahn versehentlich gewiehert! Die Leute guckten nicht schlecht. Vor allem das weibliche Geschlecht.“ Die Briefe an seine Geliebten ähneln einander bis zur Verwechslung. Immer die gleichen Phrasen und Anzüglichkeiten: „... ich streichle alles, was rund und rosa ist.“ – „Viele Zungenküßchen allerorten!“ Er ist stolz auf sein Tun, so gibt er vor, praktiziert dieses wissende Augenzwinkern im Gespräch mit anderen Männern, denen er eine Ahnung dessen zutraut, was er als alternder Romeo noch so alles vermag: „Es gibt eben doch nichts Schönres, als den Sündenfall zu deklinieren!“

Also doch wieder eine Komödie, ein unverfängliches Boulevardstück in der Art, wie er sie während des Krieges selbst geschrieben hatte: der gefeierte Dichter inmitten einer Schar von Verehrerinnen, die nichts voneinander wissen. Die ewig geduldige Lebensgefährtin, die alle Seitensprünge erträgt, weil sie weiß, dass er ihr doch nicht entkommt, denn auch ihn ereilt irgendwann das Alter. Und das wiederum war nur als gemeinsamer Lebensabend zu denken, denn nur die beiden, nur Enderle und Kästner, waren auf Augenhöhe. So hätte es sein können. Es wäre eine gute Geschichte gewesen. Eine mit Happy End.

Im April 1961 erfuhr Luiselotte Enderle von einem ihrer Privatdetektive, dass Erich Kästner einen dreijährigen Sohn hatte. Sie wollte die Mutter zur Rede stellen, aber Friedel Siebert öffnete ihr nicht die Tür. Von nun an wird die vermeintliche Liebeskomödie zur Tragödie. Erich Kästner hielt die Fäden nicht mehr in der Hand. Er hatte Angst vor Luiselotte Enderle, denn sie konnte, wie sie selbst zugab, ein „Rabenaas“ sein. Und Erich Kästner fürchtete um seine große Liebe, um Friedel Siebert. Er hatte die junge Schauspielschülerin seinerzeit im Café Leopold angesprochen und war sich sicher, endlich sein Glück gefunden zu haben: „… jetzt habe ich die Frau kennengelernt, die ich wirklich liebe, aber ich kann mich von der Enderle nicht trennen, denn sie hat gesagt, sie stürzt sich aus dem Fenster.“

Filmreif der Stoff, das Happy End zum Greifen nah: Der ewige Junggeselle trifft endlich die Frau, die er wirklich lieben kann. Seine Lebensgefährtin lässt ihn frei, nach qualvoller Bedenkzeit, seinem Glück zuliebe, der Liebe zuliebe, und weil sie den Fehler seiner Mutter nicht wiederholen will, die sich lebenslang an den Sohn klammerte, was beiden kein Glück brachte. So hätte es geschrieben werden können, das Drehbuch des neuen Lebens. Aber Luiselotte Enderle dachte gar nicht daran, auf das Bisherige zu verzichten. Sie hatte schon lange kein eigenes Leben mehr, würde sie das Zusammensein mit Kästner aufgeben, stünde sie vor dem Nichts. Sie kämpfte, sie drohte, wie seinerzeit die Mutter, mit Selbstmord. Sie spionierte hinter ihm her, öffnete in seiner Abwesenheit die Briefe, er musste stets auf Umwegen korrespondieren. „Ich muss Sie aber sehr bitten, künftig jede Anspielung wegzulassen!“, bat er seine Sekretärin. „Das Leben auf dem Pulverfaß ist ohnehin kompliziert genug.“

Kästner findet sich nicht mehr zurecht in seiner Rolle. Er gestand ein, dass er ein Bourgeois geworden war, der Typ Mann, den er selbst immer verachtet hatte. „Und noch dazu ein verlogener Bourgeois. Denn es wußten ja alle von seinem unehelichen Kind, aber er hat’s seiner Freundin nicht zugegeben! Er hat nicht zu dem Kind gestanden.“ So sah es sein Schriftstellerkollege Walter Schmiele.

Luiselotte Enderle ahnte die Gefahr, die von Friedel Siebert ausging, deshalb setzte sie Detektive auf die Geliebte an, die anfangs allerdings keine gute Arbeit leisteten, nicht zuletzt, weil sie durch die Vielzahl der Affären verwirrt wurden. Im Herbst 1961 zitiert eine Journalistin im Beisein von Enderle und der österreichischen P. E. N.-Sekretärin aus dem Archivdienst der Presseagentur Interpress: Erich Kästner, „verheiratet, ein Kind". Eine Falschmeldung, was die Heirat anbelangt. Aber eine folgenreiche. Kästner war zu der Zeit in Wien, um vier Lesungen in der Stadthalle zu halten. Viertausend Zuhörer bei jeder Lesung. Er pumpte sich mit Schmerzmitteln voll. Gibt dennoch drei Stunden Autogramme. „Den Magen voller Medikamente. Zu scheußlich!"

Er bekommt Magenkrämpfe, muss in München ins Krankenhaus. Die Ärzte entdecken eine offene Tuberkulose und empfehlen einen Kuraufenthalt in einem Sanatorium. Kästner quartiert sich in Agra ein, nahe Lugano. Siebzehn Monate war er im Tessiner Sanatorium. Eine halbwegs glückliche Zeit, was die Genesung erleichterte. Er sah dort regelmäßig Friedel Siebert und seinen Sohn. Luiselotte Enderle hingegen kam nur gelegentlich. Er hatte ein Stammlokal. Ihm wurde sein Whiskey im Teeglas serviert. Er rauchte. Er schrieb wieder. Er richtete sich ein „auf diesem kleinen ‚Zauberberg'", so gut es eben ging, auch literarisch. Die Ruhe dort weckte die Hoffnung in ihm, doch noch eine Lösung für diese verhängnisvolle Ménage-à-trois finden zu können. Wenn die Frauen verzichteten.

Friedel Siebert gab Kästner zuliebe die Schauspielerei auf, sie nahm ihm zuliebe nie ein Engagement an, sie erlitt zwei Fehlgeburten, ehe das gemeinsame Wunschkind geboren wurde, und sie wartete zwanzig Jahre darauf, dass Erich Kästner sich endgültig zu ihr bekennen würde. Was er nie tat. 1969 trennte sie sich von ihm und zog in die Schweiz. Der gemeinsame Sohn Thomas ist in den letzten Jahrzehnten öffentlich so gut wie nie als Sohn Erich Kästners in Erscheinung getreten.

Wer über die Liebe anderer Menschen nachdenkt, will etwas über das Wesen der Liebe erfahren. Kästners berühmtestes Liebesgedicht trägt den Titel *Sachliche Romanze*. Es war Schulstoff zu meiner Zeit. Mein Deutschlehrer war begeistert von dem Gedicht. Ich weniger, ich verstand es nicht. Wer liebt, fragt sich meist auch irgendwann, warum er nicht mehr liebt. Dieses Gedicht hat darauf eine Antwort gegeben, die vielen sehr einleuchtend schien, weil sie so eingängig, so vernünftig formuliert ist. Zu vernünftig:

> „Als sie einander acht Jahre kannten
> (und man darf sagen: sie kannten sich gut),
> kam ihre Liebe plötzlich abhanden.
> Wie andern Leuten ein Stock oder Hut."

So mag es sein, zuweilen, zwischen zwei Liebenden. Aber so war es nicht. So war es nicht zwischen ihm und Luiselotte Enderle. Und so war es nicht zwischen ihm und Friedel Siebert. Es gab keine Einvernehmlichkeit der Trauer über das Gewesene, wie es das Gedicht weismachen will. Romanzen, so sie den Namen verdienen, enden nicht in Schweigsamkeit, die Dichtern Anlass gibt, sie melancholisch wertzuschätzen. Es wird viel gedacht in diesem Gedicht und wenig gefühlt. Nicht im Sinne der vermeintlichen Sachlichkeit, die als Stilmittel durchaus funktioniert, sondern im Arrangement der Liebenden, die glauben, in der Trauer über den Abschied voneinander zumindest als Freunde, Gleichgesinnte wieder zueinanderfinden zu können. Das Gedicht lässt auf Waffenruhe hoffen, aber Trennung ist Krieg.

„Sie gingen ins kleinste Café am Ort
und rührten in ihren Tassen.
Am Abend saßen sie immer noch dort.
Sie saßen allein, und sie sprachen kein Wort
und konnten es einfach nicht fassen."

Was geschieht, wenn die Liebe zwei Menschen nicht mehr zusammenhält, nicht mehr so zusammenhält, wie es anfangs der Wunsch war, die Hoffnung, die romantische Erwartung, die noch vor der ersten Begegnung vorgaukelt, es könne so etwas wie ewige Liebe geben? Zumindest Loyalität. Wann lernt man, zu lieben, ohne den anderen besitzen zu wollen? Von wem lernt man es? Von den Dichtern, den Romanciers? „Wer am meisten liebt", so Thomas Mann, „ist der Unterlegene und muß leiden."

Erich Kästner hat Luiselotte Enderle betrogen, wann immer sich eine Gelegenheit für ihn ergab. Er hat daraus nie ein großes Geheimnis gemacht, und sie schien es nicht zu bekümmern, solange ihre Rolle als „Frau an seiner Seite" nicht infrage gestellt wurde. Aber schon dieses Arrangement hat sie viel mehr Kraft gekostet als ihn, weil sie ihn so viel mehr liebte als er sie. Das Erscheinen von Friedel Siebert, der nun einfach zuzufallen schien, worum sie immer vergebens gekämpft hatte, war mehr, als sie zu ertragen vermochte. Sachlich war über eine Trennung nicht mehr zu reden. Es kam zum Krieg, zur Selbstvernichtung beider.

Seit wann sie Alkoholikerin war, ist nicht dokumentiert, weil niemand ihr je eine persönliche Frage gestellt zu haben schien. Schon gar nicht eine so intime. In den unmittelbaren Nachkriegsjahren wurde ohnehin viel getrunken, in der Wirtschaftswunderzeit noch viel mehr. In den Fernsehsendungen dieser Zeit greifen alle unentwegt zu Zigaretten und Hochprozentigem, selbst der „Kommissar“, der Wahrer der bürgerlichen Ordnung alias Erik Ode, trank im Dienst. Alkoholismus war eine Volkskrankheit, aber bei Männern war sie geduldeter als bei Frauen. Was einen Mann männlich machte, dieses eine Glas zu viel, raubte einer Frau den guten Ruf. Und was in den Zwanzigerjahren im Gespräch gewünscht und gern gehört war, der freche Ton, auch bei Frauen, galt in der Adenauer-Ära als unerhört.

Luiselotte Enderles Aufbegehren wurde allgemein als peinlich empfunden. Sie fiel aus der Rolle. Dabei wussten die Freunde Erich Kästners durchaus, worunter sie litt. Unter der Doppelmoral. Der weltberühmte Kinderbuchautor, der von ihr partout kein Kind wollte, der nie ein Kind hatte haben wollen, bis Friedel Siebert kam. Nun plötzlich konnte er sich vorstellen, Vater zu werden, häuslich zu sein. Es war zum Totlachen. Es war zum Morden. Sie hätte, so gab sie später in einem Interview zu, „den Erich einmal umbringen mögen vor Eifersucht … nur einmal. Das war, als er seinen Sohn Thomas bekam. Na klärchen, von einer anderen. Der Erich hat mir das lange verschwiegen. Damit wir uns richtig verstehen: Ich war nicht traurig wegen der Frau, ich war's wegen des Kindes. Meiner Mutter Tochter hätte doch och so jerne eens jehabt …“ Erich hatte sich dem immer entzogen mit der Ausrede, sie sei doch sein „bester Freund … das ist im Leben nu mal so: Mit de besten Freunde haste keene Kinder …“

Sie, Luiselotte Enderle, war das Vorbild für die Mutter im *Doppelten Lottchen* gewesen und wurde nun dem Spott der Münchner Gesellschaft ausgesetzt, in der jeder vom Doppelleben des großen Moralisten und Aufklärers wusste. Das Lachen hinter ihrem Rücken, selbst wenn es nicht lauthals war und nur als Schmunzeln daherkam, es war demütigend.

Luiselotte Enderle war eine bedauernswerte Frau. Sie mag Erich Kästner in dessen letztem Jahrzehnt das Leben zur Hölle gemacht haben, aber ihr Leben war es bereits lange davor. Denn bei allen Arrangements der Untreue war sie stets die Verliererin gewesen. Sie trug nicht seinen Namen, und wenn, dann nur zum Schein, weil alle gute Miene zum billigen Spiel machen wollten. Sie bekam nie ein Kind von ihm, dahingestellt, ob sie es wirklich gewünscht hatte, aber sein Widerstreben war ohnehin viel zu heftig gewesen. Und ließ plötzlich nach, als er einer viel Jüngeren begegnete. Einer Schauspielschülerin, die nie auf Augenhöhe mit ihr war, es auch niemals sein würde, und die doch das Letzte, was ihr blieb, die Fassade eines Heims, zum Einsturz zu bringen drohte. Luiselotte Enderle hat Erich Kästner dennoch nicht verlassen. Sie kämpfte bis zum Umfallen. Sie wollte „Frau Kästner" bleiben, die Frau an seiner Seite. Mit aller Macht. Sie wütete, schimpfte, zertrümmerte Mobiliar, wurde handgreiflich gegenüber Kästner, der sich ihrer nicht zu erwehren wusste. Sie suchte ihn, ihre Hoffnungen, sich selbst zu vergessen, und trank bis zur Besinnungslosigkeit.

Wann und von wem lernt man richtig zu lieben, sodass der andere keinen Schaden nimmt, sondern wachsen kann am wechselseitigen Gefühl und sich selbst sicherer sein kann in der Zugehörigkeit zum anderen? Beide vermochten nicht mehr aufeinander aufzupassen, wie sie es sich einst vielleicht versprochen hatten, als die Fürsorge anstelle der Liebe trat, die er auf andere Art empfand als sie. Kästner trennte sich, zeitweise, zog ins Hotel, arrangierte einen Wechsel der Wohnsitze für Friedel Siebert, aber es gab kein Arrangement, das auf Dauer Bestand hatte.

Warum er sie nicht verließ? „Auf einem von Kästners Zetteln", so vermerkt der Biograf Sven Hanuschek, „die er als häusliche Mitteilungen für Luiselotte Enderle frühmorgens deponierte, ehe er schlafen ging, bezeichnete er sie schon mal ausdrücklich als ‚Mama'."

Die Liebe, die Erich Kästner gelernt hatte, war eine andere als die, nach der sich Luiselotte Enderle sehnte. Seine Mutter hatte ihn gelehrt, dass es kein Entkommen in der Liebe gibt. Sie hatte ihn nicht losgelassen, er durfte sie nicht loslassen. Das war der Pakt. Den er nun mit Luiselotte Enderle erneuerte, wider besseres Wissen. Aber aus einem wahren Gefühl heraus, das in ihren Augen dennoch ungenügend war. „Ich habe Dich so gern, Lotte! Warum willst Du mir das, um alles in der Welt, nicht glauben? Nur, wer, wie Du, nicht begreifen will (oder kann), daß ich, aus völlig anderen Gründen, noch zwei ‚andre' gernhabe, besteht auf einer Tragödie, wo Verständigung am Platz wäre." Aber in der Liebe gibt es keine Verständigung. Liebe ist ihrem Wesen nach nicht vernünftig. Das konnte und wollte Erich Kästner nicht begreifen.

Als die Entscheidung anstand, Luiselotte oder Friedel, ein Leben mit Mutter und Sohn oder ein Leben mit der alten Gefährtin, wollte er sich für beide entscheiden. Er wollte verhandeln. Er wollte einen Kompromiss. Er hat nichts von der Liebe verstanden. Sie bringt Menschen zusammen, aber sie treibt sie auch sehr weit auseinander, wenn sie auf Halbherzigkeit trifft. Für keinen der drei Menschen, die Erich Kästner in seinem Leben nicht missen wollte, war wirklich Platz in seinem Herzen. Seinen Sohn liebte er, aber ein Vater wurde er nie. Friedel begehrte und liebte er, von Zeit zu Zeit, Luiselotte wiederum wollte er nicht verletztzen, denn sie war sein altes Leben, das er nicht einfach so von sich zu werfen vermochte.

Er versuchte, mit beiden den Kompromiss zu leben, im fünfwöchigen Wechsel. Er aß kaum, trank zu viel und musste seinen 65. Geburtstag im Sanatorium feiern, weil seine Nerven dem vereinbarten Doppelleben nicht standhielten. Er schrieb weiter, aber er glaubte nicht mehr so recht an das, was er tat. Die Skepsis fraß an ihm. Was sein literarisches und kabarettistisches Tun anbelangte, was seinen Zukunftsglauben betraf, was das Glück der Menschen anging, die er unter seiner Obhut wusste. Er wollte verhandeln, wo es nichts zu verhandeln gab: „Hundertprozentig einseitige Lösungen gibt es nicht. Jedenfalls nicht für mich. Es wäre seelischer Selbstmord."

Er dachte viel an sich und wenig an die Frau, die so viel für ihn aufgegeben hatte. Darüber konnte Luiselotte mit ihm auch nicht reden: „Jahrelang hat er nicht mit mir darüber geredet." Aber die Biografie über ihn, so klagte sie, hat er sie schreiben lassen. „Das war ihm nützlich. Über das, was für mich lebenswichtig und entscheidend war, konnte man nicht mit mir reden." Sie pochte darauf, endlich wahrgenommen zu werden, als Leidende wahrgenommen zu werden.

„Kästner kann nicht arbeiten, weil Lotte ihm Szenen macht. Deshalb will Kästner sich wohnlich von Lotte trennen. (Nein, ich bin Kästners schlechtes Gewissen, und wer kann seinem schlechten Gewissen täglich begegnen? Selbst, wenn das Gewissen lacht.)" Das war die Rolle, die sie einzunehmen gedachte in den folgenden Jahren: das wandelnde schlechte Gewissen Erich Kästners, lachend.

Das Leben der beiden wurde zur Qual. Die Schuldfrage schien eindeutig. Sein Verleger Kurt Maschler schrieb: „Was L. E. tut, ist nicht nur ein Verbrechen an E. K. sondern an Allen, die E. K.'s Arbeit schaetzen – in der Gegenwart und in der Zukunft." Was Luiselotte Enderle tat, wenn sie wütete, war, was Liebende tun, wenn sie Schmerz fühlen: „Ich schrei nur, um Luft zu kriegen – weil die Entrüstung mir fast die Kehle zuschnürt. So tiefe Kränkungen gehen eben auch tief."

Luiselotte Enderle erbte die Hälfte dessen, was Kästner hinterließ, sie hatte lebenslanges Wohnrecht in seinem Haus und sie wahrte sein literarisches Erbe, ohne ihn posthum für all die Demütigungen büßen zu lassen. Aber in ein glückliches Leben fand sie nicht mehr zurück, auch wenn sie erst viele Jahre nach ihm starb. Sie hat ihn überlebt. Sie hat Friedel Siebert überlebt. Sie liegt neben Erich Kästner begraben. Aber sie war nie die Frau seines Herzens.

II. ROMANZEN, ABER KEIN ROMAN

„Du kanntest mich und lerntest mich nicht kennen.
Ich hatte Angst vor dir, weil du mich liebst."
Ein Mann gibt Auskunft

Der große Roman. Er hat ihn nie geschrieben. Die große Liebe. Er hat sie nie gelebt. Das gute Ende – es blieb ihm verwehrt. Dabei schien der Neuanfang leicht, denn vieles blieb beim Alten. Erich Kästner kam nach dem Krieg schnell zu Ruhm und Wohlstand. Er war stets gut gekleidet, stets Charmeur. Er tat seine Arbeit in den Cafés, wie vor dem Krieg, und er vertrieb sich die Nachtstunden in den Bars, was ihm viele Liebschaften, aber wenige Freunde einbrachte. Er blieb der, der er gewesen war, während die Welt um ihn herum sich schneller veränderte, als ihm lieb sein konnte. Ein Lebemann ist eine episodische Existenz, stets willkommen, wenn es zum Plaudern kommt, aber eher wortkarg, wenn die großen Fragen des Lebens und der Liebe erörtert werden. Denn darunter könnte das Vergnügen leiden. Wer bist du, wenn du liebst? Wie willst du sein, dass die Menschen dich lieben?

Was man über die Liebe lernen kann, die keine Liebe ist, sondern es nur vorgibt, hat Erich Kästner von seiner Mutter gelernt. Die egoistische Liebe, der es nicht um den anderen, sondern nur um sich selbst geht. Die besitzergreifende Liebe, die dem geliebten Menschen keine Freiheit lässt, aus Sorge, er könne sie zur Flucht nutzen. Die totale Liebe, die etwas ganz anderes ist als die große Liebe. Die absolute Verfügung über einen anderen Menschen bei völliger Missachtung dessen, was sein eigentliches Glück sein könnte, ist nackte Gewalt im Gewand des Gefühls. Was man über die Liebe lernen kann, die keine Liebe ist, sondern nur Liebelei, hat Erich Kästner von vielen Frauen gelernt. Er scheint seine Affären nicht gezählt zu haben. Seine Biografen taten es auch nicht.

Es gibt noch Don Juans heißt eine kurze Geschichte aus dem Jahr 1930, die einen Don Juan porträtiert, der sein Glück selbst nicht zu fassen, geschweige denn zu begreifen weiß. Eine „haarsträubende Geschichte nach der anderen", die in der Summe gar keinen Sinn ergeben, denn sie folgen dem immer gleichen Drehbuch: Ein Mann tritt auf der Stelle, in der Liebe wie im Leben. Das kann er mit Vergnügen tun, aber klüger wird er dadurch nicht. Weswegen diese Geschichten es wert sind, „verschwiegen zu werden". Viele Geliebte Kästners sind namentlich bekannt. Aber wenige scheinen wirklich Eindruck auf ihn gemacht zu haben, oder er auf sie, weder in Berlin noch in München. Es gibt keine romantischen Briefwechsel. Keine Tagebücher, in denen von rätselhafter Leidenschaft die Rede ist. Sachliche Romanzen in Serie, so scheint es. Zutiefst freundschaftlich, aber letztlich unverbindlich. Es gibt keine Frauenfiguren in seinen Erzählungen oder Romanen, die mehr sind als ein Typus. Er liebte Frauen als Frauen, aber er wertschätzte sie nicht sonderlich als Denkende, zumindest nicht literarisch. In dieser Hinsicht alterte er auch nicht. Solange er Liebhaber sein konnte, blieb er Liebhaber. Und begriff die Liebe als Komödie. Er war getrennt von seiner Mutter in diesen Nachkriegsjahren, was seine Unbeschwertheit anfangs gestärkt haben mochte. Ihr Einfluss schwand, die beinah tägliche Kontrolle konnte sie nicht mehr aufrechterhalten, aber daraus folgte nicht, dass ihr Sohn wirklich zu sich selbst fand. Er konnte sich amüsieren, darin war er versiert, aber nicht wirklich befreien.

„Ich sehe, dass ich bisher nicht gewusst habe, was lieben heißt. Jetzt weiß ich es.“ Das sind die Worte des Barons von Gaigern, die er zu der berühmten, aber sehr unglücklichen Tänzerin Grusinskaya spricht, der er eigentlich nur die Perlen stehlen wollte in jener dunklen Nacht, als sie sich das Leben nehmen will, weil ihr Ruhm schwindet und mit ihm ihr Lebensmut. Der Baron verliebt sich unsterblich und auf der Stelle in sie, und sie sich nach kurzer Bedenkzeit auch in ihn. „Ich will allein sein.“ Diese Worte, im Film gesprochen von Greta Garbo, die mit ihrem Ego die Rolle der melancholischen Primaballerina völlig überstrapaziert, sind so theatralisch wie unwahr. Beide wollen die Liebe, aber ihnen bleibt nur diese eine Nacht für die Ahnung des großen Glücks, das hätte sein können, aber nicht sein darf, des melodramatischen Endes wegen.

Vicki Baums Roman *Menschen im Hotel*, mehrfach verfilmt, versammelt viele Charaktere, die auch Erich Kästner in seinem Roman auftreten ließ. Darunter auch den Lebemann, der nur auf diesen einen Tag innerlich hinzubeben scheint, an dem er zu einer Frau sagen darf: „Bleib!“ In dem Romanfragment *Der Zauberlehrling* variiert Kästner dieses Don-Juan-Motiv auf der kleinen Bühne des Boulevards. Wenn es denn stimmt, was die Biografen schreiben, dann bat ihn der Fremdenverkehrsverein in Davos anlässlich eines Vortrages dort, doch bitte einen heiteren Roman über die Stadt zu schreiben, da ein gewisser Thomas Mann den mondänen Luftkurort durch seinen Zauberberg-Roman allzu sehr in Dekadenzverdacht gebracht hatte. Aber es wurde kein heiterer Roman, den Kästner 1936 schrieb, obwohl alle Beteiligten sich große Mühe geben. Es tritt auf Prof. Dr. Alfons Mintzlaff, ein junger Kunsthistoriker, der sich über sein Leben sehr im Unklaren ist, zumal er seine Freundin Sumatra Hoops, genannt Hallo, zwar liebt, aber vorläufig nicht heiraten will. Des Weiteren ein Baron Lamotte, der Gedanken zu lesen vermag und Frauenherzen in Serie bricht, weil er von alters her dazu verpflichtet ist, denn es handelt sich um niemand Geringeren als den Göttervater Zeus persönlich, der, wie so oft schon in der Antike geschehen, auch in neueren Zeiten gelegentlich auf Erden Urlaub vom Olymp macht, um sich amourös zu vergnügen. Eine Geschichte, sehr vom Kopf her gedacht, die amüsieren könnte, wenn da nicht die fatale Konkurrenz zum großen Welttheater des *Zauberbergs* wäre, das die Verwicklungen im Tal wie billiges Boulevard erscheinen lässt. „Der Humor als Weltanschauung", so der entsprechende Vortrag, den Mintzlaff auf Einladung des Verkehrsvereins Davos im Großen Saal des Kurhauses halten soll. Den er aber selbst nicht halten kann, weil sich ein Doppelgänger an seine Stelle geschlichen hat, was das Thema des Vortrages wiederum weniger brillant als vielmehr brachial in Szene setzt. Aber es blitzt auf, was Kästner in diesen Jahren der schriftstellerischen Maskerade zunehmend besorgt haben muss, dass er sich nämlich als Dichter und Mensch dauerhaft abhandenkommt. Das Leben scheint lebbar nur noch als unglücklicher Doppelgänger seiner selbst. Als Don Juan jedenfalls ist keine Zukunft denkbar, denn ein glücklicher Lebemann vermag nur zu bleiben, wer vom Schicksal her eigens für diese Rolle verpflichtet wird. Zumal es keine erfüllende Rolle ist, wie der Baron Lamotte durch sein Tun eingesteht, denn nur als Gott vermag er zu ertragen, dass sein Leben aus Wiederholungen besteht, die den Menschen nur deshalb vergnüglich erscheinen, weil sie nicht unsterblich sind.

Ein Gott bleibt ein Gott, was immer er tut. Er kann nicht über sich hinauswachsen. Was sollte göttlicher sein als ein Gott?

Menschen können das: über sich hinauswachsen. In der Gefahr. Mehr noch in der Liebe, wenn sich die Liebenden wechselseitig erhöhen, indem sie sich selbst zu verlieren scheinen. Das göttliche Geheimnis der Liebe, verraten von einem, der dieser Art der Liebe nie wirklich teilhaftig werden kann. Als Mensch glücklich zu werden, belehrt der Baron, vermag nur, wer begreift, „daß man nicht ärmer wird, wenn man sich verschenkt". Wieder ein Lehrer, wieder ein Musterschüler. Der Baron liest seinem Zauberlehrling die Leviten, und es ist nicht schwer, sich dabei Kästner im Selbstgespräch vorzustellen, höflich sich selbst siezend: „Sie haben die letzten zehn Jahre Ihres bisherigen Lebens sorgfältig darauf verwendet, Ihr wahres Wesen zugrunde zu richten. … Welcher Teufel ritt Sie, sich zu verleugnen? … Sie errichteten zwischen sich und dem Leben eine chinesische Mauer aus unzerbrechlichem Glas und beschlossen, ein Charakter zu werden. … Sie haben Ihr Herz erwürgt. Sie haben Ihre Seele amputiert."

Die Vorwürfe nehmen kein Ende und haben doch alle einen gemeinsamen Anfang: Warum präsentiert man sich als ein anderer als der, der man ist? Ein Charakter zu werden, heißt in diesem Fall nicht, ein Charakter sein, sondern einen Charakter darzustellen. Der Schriftsteller wird sich selbst zur Romanfigur.

„Da steht man dann, auf der Anhöhe seines Lebens, betrachtet seine Pläne und mustert seine Wünsche. Da steht man dann, bedenkt seine Ziele und schlägt die Hände vors Gesicht! … Ich wollte keinen Ruhm, kein Geld und auch kein Glück, aber ich wollte werden, was ich war, weiter nichts, aber auch nicht weniger!"

Werden, was man war. Der Satz gibt Rätsel auf. Aber zumindest ist seine Herkunft zu klären. „Was sagt dein Gewissen? – Du sollst der werden, der du bist", so Nietzsche im dritten Buch der *Fröhlichen Wissenschaft*. Aber dieser kategorische Imperativ stammt nicht von Nietzsche, auch wenn er ihn häufig variiert, so auch im Untertitel zu seiner autobiografischen Studie *Ecce homo: „Wie man wird, was man ist"*. Die Frage nach dem Werden des eigenen Seins ist eine der ersten Fragen der Philosophie – und noch immer unbeantwortet. Der griechische Dichter Pindar orakelte in der Übersetzung Nietzsches: „Werde, der du bist." Klüger wird man daraus nicht. In anderer Übersetzung wird der Erkenntnisakt, der gemeint sein könnte, ein wenig klarer, wenn er auch an poetischem Reiz verliert: „Beginne zu erkennen, wer du bist." Nichts anderes ist Philosophieren. Ein ständiges Nachdenken über sich selbst als Wahrnehmenden. Die kürzeste Variante dieses Auftrags zur Selbstbesinnung stammt von Angelus Silesius: „Mensch werde wesentlich."

Wenn die Welt vergeht und der Zufall keine Macht mehr über uns hat, was bleibt dann von uns? Was ist das, was wir unser Wesen nennen können? Wie nähern wir uns – uns selbst, wie kommen wir uns näher, dem näher, was wir glauben zu sein? Die erste Frage der Philosophie ist zugleich die schwerste: Wer bin ich? Denn die Frage kann kein anderer für den Fragenden beantworten, auch wenn sich viele drängeln, es zu tun. Viel heftiger drängeln als man selbst, denn allzu gern hält man sich fern von allen Zumutungen der Ich-Erkundung. Es ist kein leichtes Unterfangen, sich selbst auf die Spur zu kommen. Führt die Fährte in die Vergangenheit oder in die Zukunft, oder bleibt allein in der Gegenwart Zeit für die Erprobung des Ichs? Sollen wir werden, was wir waren? Oder werden, was wir sein könnten, oder einfach sein, was wir sind? Die Menge der Fragezeichen mindert die Erwartung auf eine schnelle Antwort.

„Werden Sie, was Sie sind!", mahnt der Baron, zum wiederholten Mal. Zum Verdruss seines Zöglings, der innerlich aufbegehrt, der Pointe wegen vergessend, dass der Baron ja Gedanken lesen kann: „Zu werden was man ist, wäre ein wenig leichter, wenn ich wüßte, wer ich bin." Prompt korrigiert ihn Zeus, der Allwissende: „Mit Wissen hat das nichts zu tun. Es läßt sich nur erleben."

Das ist wenig hilfreich als Maxime der Lebensführung. Denn wie will man sein Leben gestalten, wenn die widrigen Umstände keine Gestaltungsfreiheit mehr lassen? Wer bin ich, wenn ich mich niemandem anvertrauen kann? Wie fühle ich mich, wenn ich meine wahren Gefühle für mich behalten muss? Die Antwort gibt Kästner in den *Briefen an mich selber*, geschrieben im Januar 1940: „… nur Sie selber ermessen völlig, wie einsam Sie sich fühlen und welcher Zauber, aus Glück und Wehmut gewoben, Sie von den Menschen fernhält." Für immer allein mit sich selbst. Er muss es Zauber nennen, doch eigentlich ist es ein Fluch. Der Fluch Amfortas'. Der Hüter der Gralsburg, auf den Tod verletzt durch einen vergifteten Speer, dahinsiechend, nur durch den Zauber des Grals noch unter den Lebenden gehalten. Illuster gewärmt durch den höfischen Glanz um ihn herum, aber innerlich eisig erkaltet. Im Kerker seines Leids. Weil keiner die Fesseln seines Kummers lösen kann. Weil selbst Parzival, bei seinem ersten Besuch auf der Burg, die erlösende Frage unterlässt, die so naheliegend scheint: Was schmerzt dich?

Wer fragt, wenn niemand fragt? Die Einsiedelei des Herzens, wie vermag man ihr zu entkommen, wenn keine hilfreiche Hand zur Flucht gereicht wird – indem man sich auf sich selbst besinnt: „Ich werde mich wieder mit mir befreunden müssen." Es ist ihm nicht gelungen.

Freundschaft mit sich selbst zu schließen, ist nicht einfach, wenn die Zeiten es einem schwer machen. Denn es gilt, die Reinheit des Herzens zu wahren, in einer Zeit, die jeden zum Verbrecher machen will. Das schier Unzumutbare dieser Forderung spiegelt sich im Kitsch der Formulierung. Wer kann rein bleiben in einem Staat wie dem nationalsozialistischen, der jeden in seinen Dienst zwingt? Wo ist da mein Platz? Wer will da Held sein, wer Opfer? Was bleibt von mir, wenn ich mich nicht zeigen darf als der, der ich bin? Wenn ich mich wegducke, wie klein werde ich vor mir selbst?

Der Held verstößt gegen seine Bestimmung. Gegen den himmlischen Auftrag, der so auch schon in dem Romanfragment *Die Doppelgänger* formuliert wurde, wo ein Engel dem unglücklichen, weil mit sich selbst uneinigen Hauptdarsteller, der eigentlich Fabians Nachfolger hätte werden sollen, aufträgt: „Gott schickt mich. Er läßt Ihnen sagen, Sie möchten sich unverzüglich aufmachen und sich selber suchen." Das Drama der Selbstfindung in tragischer Zeit ist in diesen beiden Prosawerken *Zauberlehrling* und *Doppelgänger*, die nie zum Abschluss kamen, im Stil einer Stegreifkomödie erzählt, aber es ist doch von größerer Wichtigkeit, als der Plauderton vermuten lässt. So wie er sein geheimes Tagebuch, das sogenannte *Blaue Buch*, im Regal zwischen anderen Büchern verbirgt, so lässt er in den Komödien und anderen Plaudertongeschichten seine Hauptdarsteller zuweilen Dinge sagen, die viel tiefer blicken lassen als nur auf den vermeintlich seichten Grund konjunkturell verordneter Unterhaltungskunst. Denn wie soll ein Schriftsteller als Schriftsteller überleben, wenn er nicht mehr sagen kann, was er sagen muss? Sei es, weil es ihm von der Diktatur ausdrücklich verboten ist, sei es, weil er sich selbst ein Denkverbot auferlegt hat, da er ansonsten Gefahr liefe, vollends zu verzweifeln. Denn je offenkundiger sein Schweigen, desto bedrückender der Verdacht der Falschmünzerei, der fortan auf all seinem Tun lastet. Ein Gegenmittel, dieses Dilemma, wenn nicht zum Guten, so doch ins Produktive zu wenden, wäre die literarische Selbstbespiegelung anstelle der moralischen: Die „eigene Ausweglosigkeit wird selbsttätig und sofort objektiviert, wird epischer Plan und somit – eigner Ausweg! (Oder nur scheinbar?)".

Erich Kästner wusste um den Konflikt, in dem er war. Als Schriftsteller wie als Liebender. Als Liebender konnte er sich dem entziehen, indem er weiterlebte und so tat, als existierte dieser Konflikt einfach nicht. Als politisch unerwünschter Schriftsteller schien ihm das Kunststück Münchhausens zu gelingen, sich am eigenen Schopfe aus dem Sumpf zu ziehen, indem er eben diesen Münchhausen dank seines Drehbuchs auf die große propagandistische Bühne brachte – bis er dann 1943 auf Befehl Hitlers totales Publikationsverbot erhielt und keine Hintertürchen zum Theater oder Film sich mehr öffneten.

Wie will einer lieben, der sich selbst nicht lieben kann? Weil er die eigene Nähe nicht sucht, sondern meidet. Weil er stets außer Haus ist, da ihm kein Zuhause denkbar scheint. Die Tragödie der Liebe, all seiner Lieben, hat Erich Kästner im *Zauberlehrling* offen angesprochen. Der Held ist sich gewiss: „… sie würde immer bei mir bleiben, wenn ich sie hielte. Doch ich weiß nicht ein noch aus. Früher war ich grenzenlos in sie verliebt, ohne sie schon zu lieben. Und jetzt, da ich nicht mehr in sie verliebt bin, liebe ich sie wie mein eigenes Leben." Das Paradox der Liebe und des Begehrens, und der häufigen Unvereinbarkeit beider, die dazu führt, „daß Sie die Frau, die Sie lieben, ins Pfefferland und sich irgendeine unterhaltsam gebaute Person, die Ihnen im übrigen womöglich völlig gleichgültig ist, in die Arme wünschen".

Das klingt so dahingeplaudert, aber es nimmt der Liebe jede Hoffnung auf Erfüllung. Was als Komödie beginnt – der Zauberlehrling auf der Suche nach sich selbst –, wird als Tragödie enden. Weshalb Kästner diesen Roman auch nie zum Abschluss gebracht hat. Denn er hat es immer wieder versucht, in der Liebe zu einem glücklichen Ende zu kommen, vor allem um der Versuchung willen. Durchaus mit Elan und erotischer Besessenheit, mit Charme, mit Witz, mit Versen und Erzählungen, mit allem, was ihm als Mann und Dichter zur Verfügung stand. Aber es war zu wenig. Er hatte so viele Liebschaften und Affären, dass er sich selbst darüber vergaß. Vielleicht ist auch das Gegenteil richtig, er vergaß sich nie. Er kam nie los von seiner Einsamkeit, war immer mit sich selbst allein – und vergaß darüber die anderen. Was er sich selten zum Vorwurf machte. Er dachte stets an sich selbst zuerst und an sein Vergnügen, aber doch nur im sicheren Bewusstsein, dass damit auch das Vergnügen des Gegenübers garantiert war. Er war nicht gut zu den Frauen, zuweilen, aber nicht sehr viele waren böse auf ihn. Vermutlich, weil er so durchschaubar war in seinen Ansprüchen. Er brach ihnen selten das Herz. Denn er suchte nicht danach. Was er suchte, waren schöne Frauen, fügsame Frauen, schöne fügsame Frauen, die ihn glänzen ließen. Er suchte keine Mutter für seine Kinder, denn er wollte keine Kinder. Er suchte keine Lebensgefährtin, denn die glaubte er mit Luiselotte Enderle schon an seiner Seite zu wissen. Er suchte sich selbst. Aber diese Suche nahm kein glückliches Ende, weil er immer geschickter darin wurde, sich von sich selbst abzulenken.

Es ist seltsam, dass Erich Kästner der Liebe nicht vertraut hat. Denn viele Leser haben genau das bei ihm gelernt, auf ein Happy End zu vertrauen. Deswegen habe ich den *Zauberlehrling* damals enttäuscht beiseitegelegt. Es würde kein gutes Ende nehmen mit dem viel zu klugen Dr. Alfons Mintzlaff und seiner viel zu liebenswerten Lebensfreundin Sumatra Hoops, genannt Hallo, weil kein glückliches Ende denkbar war. Er hatte zu viel von sich preisgegeben. Glück ist auch eine Sache des Schweigens zur rechten Zeit. Und noch eins fiel mir damals als Leser auf: Erich Kästner würde immer im Schatten eines viel Berühmteren stehen. Das tat weh. Mögen ihn die Davoser gebeten haben oder nicht, die Wahl des Ortes war so ungeschickt, fand ich damals, als neunmalkluger Leser des *Zauberbergs*, denn warum begab er sich ohne Not in Konkurrenz? Der Titel war so nah dem Titel Thomas Manns, aber die Geschichte so flach im Vergleich zu der Erweckungshistorie des Hans Castorp. Und wer Naphta und Settembrini im Gespräch belauscht hatte, dem klangen die unzeitgemäß munteren Lebensweisheiten eines überalterten Barons ein wenig öd im Ohr. Erich Kästner begann mir leidzutun, was ein sicheres Zeichen der Überheblichkeit ist, und der Entzweiung. Es war vorbei. Er hatte mir nichts mehr zu sagen.

Es gibt viele Liebesgeschichten und es werden noch immer viele Liebesgeschichten erzählt. Das Thema hat sich nicht erschöpft und wird sich nie erschöpfen. Es gibt viele traurige Liebesgeschichten und es wird immer traurige Liebesgeschichten geben, denn die Liebe ist ständiger Anlass zu Missverständnissen und Tragödien.

Wann spricht das Herz laut, wann spricht das Herz leise? Wann spricht es zu laut, wann zu leise? Warum hört der eine es sprechen und die andere nicht? Was ist Liebe? Wie lernt man Liebe? Wie glücklich muss eine Kindheit sein, dass ich ein glücklicher Erwachsener werde? Es braucht eine liebevolle Mutter, und es braucht einen Vater, der vorlebt, dass auch Männer Gefühle haben. Vielleicht braucht es auch nichts von alldem. Vielleicht speist sich das Gefühl auch nur aus einem übervollen Herzen. Manche Menschen blicken auf die Welt mit warmen Augen, manche mit kalten. Warum das so ist, lässt sich nicht immer klären. Das Schicksal denkt nicht logisch. Böse Mütter bringen liebe Kinder zur Welt. Sanfte Väter ziehen dumpfe Schläger heran. Vieles lässt sich erklären, aber nicht alles verstehen. So wichtig die Liebe ist, so wenig wissen wir von ihr. Gewiss ist, Liebe braucht Zukunft, denn ohne die Vorfreude auf den nächsten Tag ist das Gewesene schon vergessen. Es braucht ein Hoffen auf Dauer. Auf das ganz große Glück.

Ein Leser braucht ein Happy End. Ich brauchte ein Happy End, als junger Leser. Denn es machte mir Mut, andere glücklich zu sehen. Es machte mich glücklich, miterleben zu dürfen, was die Liebe vermag. Erich Kästner hat Liebesgeschichten erzählt, von einer so simplen Logik, dass man nicht umhinkam, sie zu glauben. Ich kam nicht umhin, daran zu glauben. Sicher, Fabian hatte Pech mit Cornelia, was aber auch daran lag, dass er sich dümmer anstellte als notwendig. Und auch wenn er ihr nicht gewachsen war, so war er ihr doch begegnet. Er war der Frau seiner Träume begegnet, und sie hatte ihn geliebt, noch über das Erwachen hinaus. Welchem Fünfzehnjährigen ist das vergönnt? Königskinder finden zusammen. Immer und überall. Und wenn sie sich trennen, dann stimmt etwas nicht mit der Welt. Aber mit der Möglichkeit der Liebe hat das nichts zu tun. Das war Fabians Lektion.

Der kleine Grenzverkehr, 1938 unter dem Titel *Georg und die Zwischenfälle* in der Schweiz erschienen, erzählt ein Märchen, das Märchen von *Hans im Glück*. Die Welt dieses Märchens, *Die Welt von Gestern*, ist eine Welt, in der ich nie heimisch war. Dennoch verspüre ich Heimweh. Wer sich daran erinnern will, was niemals war, fährt nach Heidelberg oder Salzburg, Städte, in denen zu ahnen ist, dass Schönheit einst ein Versprechen für alle war. Wer es sich leisten konnte, war glücklich. Wer es sehen und fühlen konnte, war glücklich. Der Gang ins Caféhaus war denen vorbehalten, die Zeit hatten, und Geld, ein wenig Geld genügte, denn kein Kellner wäre im Tomaselli auf den Gedanken gekommen, einen Gast zu verscheuchen mit dem Vorwurf, er konsumiere zu wenig. So will es zumindest die Erinnerung von Stefan Zweig, der diese Welt in seinem Erinnerungsbuch beschrieben hat, und es ist völlig gleichgültig, ob sie je so war, aber viele haben in dieser Welt gelebt. Auch Erich Kästner.

Stefan Zweig ertrug den Abschied vom alten Europa nicht, er beging Selbstmord in der Ferne, und sein Heimweh wird jedem begreiflich, der durch Salzburg spaziert, hinauf zu dem Haus, in dem er einst gewohnt hat. Das Paschinger Schlössl, es stand jedem offen, der den *Kleinen Grenzverkehr* gelesen hat, dieses Schlösschen oder zumindest ein vergleichbares, und der Hausherr mag auch ein anderer gewesen sein als Stefan Zweig. Aber die Geschichte, die Erich Kästner in diesem kleinen Roman erzählt, ist eine Glücksgeschichte, die jedem zustoßen kann, dessen war ich mir damals sicher. Du betrittst das Café Tomaselli, wahlweise das Café Bazar, setzt dich in die äußerste Ecke, bestellst einen kleinen Mokka, hebst die Zeitung vors Gesicht, rückst sie detektivisch wieder zur Seite, um dich in Ruhe umschauen zu können, und erblickst die Frau, die du ewig lieben wirst. Konstanze heißt sie, als Stubenmädchen arbeitet sie im gräflichen Schloss, und was immer sie sagt, du hörst ihr ergriffen zu. Da die Liebe es immer eilig hat, machst du ihr noch am gleichen Tag einen Heiratsantrag, sie nimmt dankbar an, verschwindet unversehens, für eine kleine Weile, um dich ihren Verlust spüren zu lassen, kehrt lachend wieder und chauffiert dich schließlich in ihrem Cabriolet hinauf aufs Schloss, das irgendwann deines sein wird, weil ihr Vater, der

Graf, dich dankbar in seine Arme schließt, denn nichts hat er sich sehnlicher gewünscht, als einen armen Schriftsteller zum Schwiegersohn adeln zu dürfen.

Diese Geschichte ist so ganz und gar an der Zeit vorbeigeschrieben, damals wie heute, dass sie einfach glücklich macht. Zumindest mich hat sie seinerzeit glücklich gemacht. Weil ich begriff, dass die Liebe eine Stadt braucht, in der sie gelingen kann. Wenn die Welt um dich herum nicht schön ist, wird es dein Leben auch nicht sein. Weil ich begriff, dass Hoffnung den Gefühlen erst ihre Kraft gibt. Wenn die Erwartung des großen Glücks fehlt, wird sich auch das kleine Glück nicht einstellen.

Die Geburt als Leser ist ein kleines Wunder. Die Geburt als Liebender nicht minder. Noch bevor ich die Liebe erlebte, habe ich von ihr gelesen. Ich sah Liebende im Leben, aber noch lieber sah ich sie im Film, und noch viel lieber habe ich über Liebende gelesen. Weil ich mich an die Stelle des Liebenden träumen konnte.

Was fühlen wir, wenn wir über die Liebe lesen? Da redet einer, der mehr von der Welt versteht als ich. Aber was, was genau versteht er, was ich noch nicht verstehe? Was die Liebe ist. Und was Weltschmerz ist. Und dass beides letztlich der gleiche Name für ein Gefühl ist. Dass man zugleich lachen und weinen möchte, weil die Welt so schön ist und so traurig. Das Glück so fern und doch zum Fassen nah. Ein großes Durcheinander, in dem sich nur der zurechtfindet, der Freunde hat. Freunde fürs Leben. Und eine Frau fürs Leben.

Du findest Freunde, du findest eine Frau, du findest das große Glück. Ein großartiges Versprechen, das Mut macht. Zum Lachen trivial. Aber herzerwärmend in der kalten Zeit der Pubertät. Der Glaube ans Happy End ist ein sehr soziales Tun, gerade in jungen Jahren, weil er allen Menschen nur das Beste erbittet, bevorzugt natürlich einem selbst. Aber nur im Verein mit anderen. Denn nur auf das eigene Glück im Leben zu hoffen, ist kein Happy End. Bei einem wirklichen Happy End liegen sich nach Auflösung der weitgehend unnötigen Missverständnisse alle in den Armen und es ertönt *Freude schöner Götterfunken* aus allen Lautsprechern der Stadt. Ein Feuerwerk wird abgebrannt, das mehr Sterne als die Milchstraße verglühen lässt. Ein Gefühl macht sich breit, dass nichts niemals umsonst war, weil alles auf dieses gute Ende hin zusteuerte. Aber dieses gute Gefühl stellt sich mit zunehmendem Alter nicht mehr allzu oft ein. Aus dem großen Happy End für alle wurde das kleine Glück einer vorläufigen Zweisamkeit. Die sentimentalen Gefühle in der Literatur sind verebbt. Beim Wiederlesen vorgestriger Autoren stellen sie sich gelegentlich noch ein, für einen kleinen Moment glücklicher Rückerinnerung, der vom nächsten, dem Moment der rationalen Erkaltung getilgt wird, weil sich das Ego nicht mehr so einfach zurückversetzen lässt in den Zustand der hoffnungsfrohen Träume. Damals, als das Glück auf ein Rezept aus Dr. Kästners *Lyrischer Hausapotheke* noch möglich schien: Such dir Freunde und eine Frau, und bleib dir treu.

Der Roman *Drei Männer im Schnee*, 1934 in Zürich erschienen, ist seichte Unterhaltung in den Augen vieler. Ein Stück heile Welt, wie es sie nie gab. Unter dem Pseudonym Robert Neuner brachte Kästner die Geschichte als Komödie in vier Akten unter dem Titel *Das lebenslängliche Kind* auf die Bühne, sehr erfolgreich, noch erfolgreicher waren die Verfilmungen. Kein Wunder, denn im Grandhotel zu Bruckbeuren gibt es ein großartiges Happy End. Keiner kann sich dem Glück entziehen, alle haben was zu lachen. Ein Millionär, der nicht Millionär sein will, sein Diener, der es ebenfalls nicht sein will, sondern auf ewig Diener, und ein arbeitsloser Werbefachmann, dem es nicht ums Geld geht, sondern um die Arbeit und um die Liebe. Drei Freunde. Das war ein Thema der Zeit damals: *Die drei von der Tankstelle*, uraufgeführt 1930 im Berliner Gloria-Palast; *Die drei Kameraden* von Erich Maria Remarque, erschienen 1938 in Amsterdamer Exil-Verlag Querido – es sind Wandlungen des Musketier-Stoffes. Freunde gehen gemeinsam durch dick und dünn, was auch kommen mag, wie sonst ließe sich die Zeit ertragen. Ein Trugschluss, wie der Krieg zeigen sollte.

Mit fünfzehn versteht man nichts vom Trug des schönen Scheins, aber man versteht, was Freundschaft ist: das Wichtigste auf der Welt. Und Verrat: das Abscheulichste. „Ein Freund, ein guter Freund, das ist das Beste, was es gibt auf der Welt. Ein Freund bleibt immer Freund, auch wenn die ganze Welt zusammenfällt." Ein Marschlied, geträllert von Heinz Rühmann, der danach ein Star wurde, und Willy Fritsch, der bereits ein Star war. Beide ließ Goebbels auf die „Gottbegnadeten-Liste" der Schauspieler setzen, was sie vor der Front bewahrte. Oskar Karlweis, der Dritte im Bunde, war Jude und konnte frühzeitig emigrieren. Die drei drehen sich im Karussell der Liebe um Lilian Harvey, der 1943 die deutsche Staatsbürgerschaft aberkannt wurde, nachdem sie bereits 1939 das Land verlassen hatte.

Die drei von der Tankstelle: ein Film für die ganze Familie, wie die *Feuerzangenbowle* und *Drei Männer im Schnee*. In allen drei Filmen geht es um Freundschaft. Um das Glück des Zusammenhalts. Und natürlich um Liebe. „Die Liebe kommt, die Liebe geht / Solang' ein Stern am Himmel steht", fassen die Comedian Harmonists die paarungsfrohe Stimmung jener Zeit zusammen. Noch der klügste Professor will sich verlieben, nicht in ein Heimchen, in Lola Lola, in die Verruchteste der Verruchten, was ihn folgerichtig ins Unglück stürzt. So geschildert von Heinrich Mann in seinem Roman *Professor Unrat*, so geschehen im Melodram *Der blaue Engel*, in dem Marlene Dietrich Emil Jannings ins Unglück stürzt, weil sie ihm die Show stiehlt und ein größerer Star wird, als er es je war. „Herr Jannings", stutzte Heinrich Mann den lobheischenden Hauptdarsteller seinerzeit zurecht, „den Erfolg dieses Films werden in erster Linie die nackten Oberschenkel der Frau Dietrich machen!"

In den drei Liebesromanen Erich Kästners gibt es keine Dramen, nur kleinere Turbulenzen, die dazu dienen, den jugendlichen Helden ihr großes Glück begreiflich zu machen. Da ist eine, die auf dich wartet, so dumm du dich anfangs auch anstellst. „Es ist unmöglich / sagt die Erfahrung", im Verein mit Erich Fried. „Es ist was es ist / sagt die Liebe." Die einfachste Sache der Welt, wenn es gut läuft, wie bei den *Drei Männern im Schnee*. Er klopft an ihre Tür, fragt schüchtern an, ob sie ihn liebt, was er sich von Angesicht zu Angesicht nie trauen würde. Sie antwortet, ja, natürlich, du Schafskopf, und öffnet die Tür dennoch nicht, zumindest nicht in dieser Nacht, so zumindest habe ich es in Erinnerung. Aber sie wird sie öffnen, bald schon, das steht außer Frage.

Es ist für einen heranwachsenden Leser, der der Romantik mehr vertraut als der Anatomie, sehr schwer, Minnesang und Sexualkunde in Einklang zu bringen. Erich Kästner ist das gelungen. In seinen Romanen ist völlig klar, dass Liebe auch eine Leibesübung ist, eine, die einvernehmlich und mit Vergnügen praktiziert wird, ohne dass es eines säuselnden Vorspiels bedarf. Wenn zwei zusammenpassen, passen sie zusammen. Punkt. Sachliche Romanze eben, aber es funktioniert, bis es endet. Das zu wissen, tut einem Pubertierenden gut. Denn es nimmt der Sache viel von ihrem moralischen Mysterium. Einerseits. Und lässt andererseits noch die Hoffnung auf ein glückliches Ende. Die Frauen bei Erich Kästner sind selbst als Typus sehr selbstständig, und sie lassen nie einen Zweifel daran, dass sie auch Männer mögen. Das war mir als Heranwachsendem nicht klar. Die Frauen wissen in diesen Liebesromanen stets, welche Männer sie wollen, während die Männer sich meist noch etwas unbeholfen anstellen – was ich wiederum sehr gut nachvollziehen konnte, und nun auch wollte, im Privaten, denn ich konnte mir ja fortan eines glücklichen Endes sicher sein.

Kitsch ist Kitsch nur dann, wenn man es als Kitsch empfindet. Die Liebesromane von Erich Kästner sind kitschig, die Frauenfiguren sind es nicht. Sie sind keine Weibchen, keine Püppchen, keine besseren Hälften, sie sind selbstständige Menschen. Die einen sehr weit nach vorn bringen können, wenn man sie lässt. Es gibt keinen Hass in diesen Liebesromanen und keine Niedertracht, weder zwischen den Geschlechtern noch zwischen den Freunden. Es ist eine Welt, die glücklich machen könnte. Alle Menschen sind jederzeit bereit, sich in die Arme zu fallen. Ohne allzu großen Aufwand. Es ist eine Welt, die nicht existiert und nie existieren wird. Warum nicht? Weil es zu viel Hass in der Welt gibt. Davon erzählt Erich Kästner in diesen Romanen nichts. Davon hat er in einer kurzen Geschichte erzählt, die als gedankliche Vorlage des Romans *Drei Männer im Schnee* diente, allerdings erst nach einer inhaltlichen Kehrtwende.

Am 9. August 1927 erschien im *Berliner Tageblatt* die Geschichte *Inferno im Hotel*, die davon handelt, wie der zweite Gewinner eines Preisausschreibens in einem Grandhotel, wo er als Ehrengast hätte beherbergt werden sollen, dermaßen mit Verachtung gestraft wird, dass er sich in der Folge selbst verachtet.

„Wenige Wochen später starben der Arbeiter Sturz und seine Frau an Leuchtgasvergiftung. Es liegt nahe, zwischen jener Reise und diesem Selbstmord einen Zusammenhang zu konstatieren." Es ist alles in einem sehr sachlichen Ton gehalten, ätzend sachlich, aber die Empörung des Erzählers über die Infamie seines Personals ist Satz für Satz zu spüren. Die Menschen sind nicht mehr so, wie der Dichter sie haben will, sie sind so, wie sie sind.

„Sturz war Metallarbeiter; damit ist der zureichende Grund seiner Erniedrigung eindeutig bezeichnet …" Er wird weder vom Personal noch von den Gästen als Mensch wahrgenommen. Er ist ein Prolet, und als solcher wird er behandelt, erst recht von seinesgleichen. Denn Statusunterschiede werden umso wichtiger, je bedeutungsloser sie in ökonomischer Hinsicht sind. Ein Lohnabhängiger blickt auf den anderen herab. „Die Angestellten waren grausamer als die Gäste. Es schien, sie hätten sich auch an ihm zu rächen, da sie gezwungen waren, einen Kerl zu bedienen, den sie verachteten. Sie quälten ihn voll böser Lust; sie ertrugen es nicht, sein Herz auch nur eine Stunde unverletzt zu lassen; sie verbreiteten alle seine Irrtümer, damit man ihn verlache."

Peter Sturz wird verlacht. Von allen. Weil er ein Prolet ist. Weil er nicht respektiert wird, obwohl er sich alle Mühe gibt, nicht als Prolet aufzufallen. Weil niemand ihm die Hand reicht. Jeder ihn wegstößt. So entsteht Hass. Immer wieder wird gefragt, von hellauf empörten Menschen, denen die Grausamkeiten anderer Menschen ein Rätsel sind, wie denn so etwas Schlimmes geschehen könne: Verbrechen gegen die Menschlichkeit. Erich Kästner gibt in dieser kurzen Entstehungsgeschichte des nationalsozialistischen Infernos die Antwort: Die Verbrechen gegen die Menschlichkeit beginnen im Kleinen. Sie finden dort statt, wo Menschen einander nicht als Menschen begegnen, sondern als Egoisten, als

Akteure eines disparaten sozialen Willens, der sich im Krieg aller gegen alle erschöpft. Dann erst gewinnt das propagandistische Reden von einer „Volksgemeinschaft" revolutionäres Potenzial, weil es befriedet, wenn auch nur zum Schein.

Den anderen spüren zu lassen, dass er nicht ebenbürtig ist, sei es in der Frage der Herkunft, der Bildung oder auch nur der Manieren, wird für den Betroffenen dann demütigend, wenn er vermuten muss, dass sich daran niemals etwas ändern wird. Ganz gleich, welche Anstrengungen er unternimmt: Es wird nie genügen. Das Lächeln über seine mindere Existenz ist allgegenwärtig und wird allgegenwärtig bleiben, auch wenn viele Lächelnde es nach bestem Wissen und Gewissen leugnen würden. Aber: Parvenü bleibt Parvenü. Paria bleibt Paria. Das Kastensystem in der Weimarer Republik war viel wirkmächtiger als der demokratische Konsens. Das Militär, der Adel, die akademische Aristokratie, Dünkel allerorten, erst recht an den Stammtischen der Berliner Boheme, wo man viel zu lange glaubte, Hitler und seinesgleichen durch Verlachen zum Verschwinden bringen zu können.

Wer verachtet, muss damit rechnen, gehasst zu werden. Verachtung ist ein Gefühl, das schon in der schmächtigeren Spielart der Herablassung viel eher zu spüren ist und viel schlimmere Folgen anrichtet, als wir, die wir uns gern über andere erheben, es für möglich halten. „Seine Schüchternheit wich und machte einem schlimmen Trotze Platz. Man hatte ihn in die Enge getrieben. Jetzt stellte er sich zur Verteidigung. Es verlangte ihn danach, zu beleidigen und zu bestrafen. Aber niemand verletzte ihn mehr. Es hatten wohl alle instinktiv begriffen, dass er sich geändert hatte. So fraß er den Zorn in sich hinein. Man sah ihn gar nicht. Er war nicht mehr interessant und außerdem gefährlich. Man tat, als sei er nicht vorhanden."

Das ist der Zorn eines SA- oder SS-Mannes. Das ist der Zorn jener, die sich eine Ideologie suchen, die ihrem Hass endlich freien Raum lässt.

In diesen Jahren der aufgeputschten Euphorie, den sogenannten Goldenen Zwanzigern, durfte geliebt werden, viel freier als in den Jahrzehnten zuvor, gefeiert und getanzt. Aber es durfte auch gehasst werden. Viel hemmungsloser als noch im Biedermeier oder im Kaiserreich. Der Hass der Parteien aufeinander. Der Hass der Ideologien untereinander, der verhinderte, dass sich Kommunisten und Sozialisten gemeinsam gegen Hitler stemmten. Die Herablassung der Eliten gegenüber dem vermeintlichen Pöbel, der sehenden Auges dem wirtschaftlichen wie geistigen Elend preisgegeben wurde. Die Dummheit der Besitzenden, die ihren Egoismus nicht als tödlich begreifen konnten. „Warum wollt ihr euch denn nicht bessern?“, fragte Erich Kästner 1930 in seiner *Ansprache an die Millionäre* schon reichlich resigniert. „Bald werden sie über die Freitreppen drängen / und euch erstechen mit Küchenmessern / und an die Fenster hängen.“

Vicki Baums Roman *Menschen im Hotel* erschien 1929. Auch hier ist das Hotel der Ort, an dem Existenzen aufs Engste zusammenkommen, die sich sonst, wenn überhaupt, nur aus der Ferne wahrnehmen. Eine literarische Versuchsanstalt, in der auf kleinstem Raum die größten Gefühle kontrolliert zum Ausbruch gebracht werden. Viele Autoren haben sich an diesem Sujet versucht. Vicki Baum am erfolgreichsten. Ihr Roman war ein Welterfolg. Als Buch, als Film, als Bühnenstück. Sie wurde hofiert in Amerika, und blieb dort, denn in Deutschland wäre sie ermordet worden wie ihr Vater, der 1942 im Massaker von Novi Sad umkam.

Der Erfolg des Buches rührt her von ihrem Talent, die Menschen als Menschen wahrzunehmen. Ihre Figuren sind – nicht alle, aber doch die einprägsameren – nicht nach Klischee gezeichnet, sondern nach dem Leben. Sie haben, weit über das konstruierte Geschehen hinaus, ein Existenzrecht. Die großen literarischen Helden überleben ihre Herkunft und ihre Autoren, sie bleiben als Figuren in Erinnerung, auch wenn die Bücher, denen sie entstammen, längst nicht mehr gelesen werden. Don Juan, Hamlet, Don Quichotte, sie leben weiter, denn sie sind Komplizen des Herzens geworden. So einprägsam sind Vicki Baums Helden und Heldinnen nicht, aber einige bleiben im Gedächtnis.

In diesem Roman werden viele Lebensläufe erzählt, manche queren sich, manche trennen sich, es ist wie auf der Bühne, nur dass im Hotel das Leben selbst Regie zu führen scheint. Eine der Nebenfiguren, die dank der Logik der Kolportage zum Helden avanciert, ist der Hilfsbuchhalter Otto Kringelein. Einer, der vom Glück vergessen scheint, schwer krank und von der Liebe immer nur träumend, darf nun im Hotel, in dem er seine letzten Wochen im Luxus verleben wollte, die große Rede des kleinen Mannes halten. Zumindest in den Verfilmungen. Eine Paraderolle. Heinz Rühmann spielte den Otto Kringelein in der deutschen Verfilmung von 1959, Lionel Barrymore verkörperte ihn in der MGM-Produktion *Grand Hotel* von 1932. Beide scheitern kläglich an der Rolle.

Vicki Baum hat sich nie Illusionen über ihr schriftstellerisches Renommee gemacht. Den Nazis galt sie als „jüdische Asphaltliteratin", den Intellektuellen als Nutznießerin der Kolportage. „Ich weiß, was ich wert bin; ich bin eine erstklassige Schriftstellerin zweiter Güte. Die Glühwürmchenillusionen von Unsterblichkeit sind mir fremd. Ich habe mir nie eingebildet, eine erstklassige Schriftstellerin erster Güte zu sein und dass meine Bücher mich überleben werden." Bei der Figur des Otto Kringelein ist sie anderer Meinung. Ihn trug sie über dreißig Jahre im Herzen, bevor sie ihn im Roman lebendig werden ließ.

Als junge Frau durfte Vicki Baum ein Konzert in der Provinz geben, in einem kleinen Städtchen, in dem ihre entfernte Verwandtschaft sehr stolz war auf die Harfenistin aus der großen Stadt. Alle, die etwas auf sich hielten, kamen zu dem Konzert. Aber nur eine Figur prägte sich ihr unauslöschlich ein. Die Gestalt eines kleinen Mannes, „der im Konzert einen Augenblick aus dem Chor hervortrat, ein Tenorsolo von acht Takten hinlegte und wieder zurücktrat".

Für ihn bedeutete das kleine Solo den Glanzpunkt seiner Existenz. Darauf hatte er sein Leben lang gewartet, einmal aus der Reihe hervortreten zu dürfen, nicht an einem beliebigen Tag, sondern an einem Festtag wie diesem. „Aus seiner dürftigen, angstbebenden Singerei glaubte ich, einige unbuchhalterische Gefühle herauszuhören. Etwas mit Flügeln und Träumen und Wünschen … Und diese Mischung aus Komischem und Rührendem hat seitdem immer das Wesen meiner Romanfiguren bestimmt." Es war die Geburtsstunde des Buchhalters Kringelein, der im Roman *Menschen im Hotel* die Hauptrolle spielen wird, weil er sein Leben lang darauf gewartet hat – und weil Vicki Baum ihm die Chance gab, ein Glanz zu werden.

Erich Kästners Helden sind Kopfgeburten, meist promoviert, wie er selbst. Dr. Jakob Fabian ist ihm viel zu ähnlich, als dass er ein Eigenleben entwickeln könnte. Die Helden der Liebesromane sind liebenswürdige junge Männer, die so in der Welt nie vorkommen. Selbst Papa Külz, Hauptdarsteller in *Die verschwundene Miniatur* ist, wie der Untertitel verrät, mehr literarische Marionette denn Metzger: *Die Abenteuer eines empfindsamen Fleischer-*

meisters. Vicki Baum hat mehr Respekt vor den einfachen Leuten, zumindest hat sie mehr Liebe für Kringelein empfunden, denn sie trug ihn huckepack dreißig Jahre durch ihr Leben, bis sie sein Schicksal schließlich im Roman ablud. In einem Roman, der ausdrücklich als ein ironischer konzipiert war und den selbstentblößenden Titel hätte tragen sollen: „Ein Kolportageroman mit Hintergründen".

Der Verlag war dagegen, Kringelein war dagegen, denn auch wenn manche Figuren, allen voran der Hoteldieb Baron von Gaigern, dem Groschenheft entstiegen schienen, so war die Geschichte als solche und insbesondere das Schicksal des todkranken Buchhalters, der sein kleines Glück findet, doch zu wahr, um verlacht zu werden. Die Ironie dieses Welterfolges lag darin, „dass kein Mensch die Ironie gespürt hat". Sie hat sich über einige Figuren lustig gemacht, aber nicht über Kringelein, nicht über den kleinen Mann. Denn sie ahnte, wie fürchterlich dessen Rache sein konnte, wenn er nicht durch die Liebe gezähmt wird.

Vicki Baum hat sich nie Illusionen über die Menschen gemacht. Sie wusste aus ihrer eigenen Familiengeschichte, wie böse selbst die sein können, auf deren Liebe wir am meisten angewiesen sind. Schonungslos berichtet sie in ihren Memoiren von ihren Eltern, die ihr als Kind von Geburt an das Gefühl gaben, unerwünscht zu sein. Was ihren Blick früh schärfte für das, was Menschen einsam macht. So einsam, dass sie andere Menschen immer nur von sich stoßen, weil sie zumindest in diesem Impuls des Abweisens für einen Moment zu sich selbst finden. Vicki Baum sah, was auch Erich Kästner sah: Die Menschen waren krank im Herzen. Das kleine Welttheater, im Grandhotel-Abgrund inszeniert, offenbarte, was vielen Anfang der Dreißigerjahre noch undenkbar schien, dass all die aufgestaute Wut in wenigen Jahren zerstören würde, was an Fantastereien über das Gute im Menschen von vielen noch geglaubt wurde.

Peter Sturz, der Proletarier, und Otto Kringelein, der Angestellte, sie machten jedem, der es wissen wollte, begreiflich, woher der Hass kommt. Die Rache des kleinen Mannes, der auf seinen großen Moment wartet. In der Kolportage, im Ufa-Film, in der Hollywood-Schmonzette geht das oft gut aus. Im wirklichen Leben nicht. Da kann es im Blutbad enden.

„Eine Sache", erzählt Luiselotte Enderle in *Kästner anekdotisch*, die ihn „durchaus kränkte, war die, daß während der Nazizeit immer mal jemand feststellte, er habe eine gewisse Ähnlichkeit mit Goebbels. Und diese Leute wollten ihm damit auch noch schmeicheln ..." Die Ähnlichkeiten waren nicht nur äußerlich, das Hinken ausgenommen, welches Anlass zu etlichen Flüsterwitzen gab: „Lügen haben ein zu kurzes Bein." Goebbels war ein Musterschüler gewesen, wie Erich Kästner, er hatte Germanistik und Geschichte studiert, promoviert, wankte, was sein Weltbild anbelangte, zwischen allen Extremen, bis er auf Erich Ludendorff und Gregor Strasser traf, die ihn zum Nationalsozialismus bekehrten. In den Jahren der Unschlüssigkeit hätte vieles mit ihm geschehen können, erst recht, wenn er als Journalist und Schriftsteller mehr Fortune gehabt hätte. Goebbels war wie Kästner ein großer Freund aller jungen Schauspielerinnen. Obwohl schmächtig und klein von Statur, galt er als versierter Charmeur und guter Liebhaber. Goebbels hatte Humor, zumindest lachte er gern über andere, wobei ihm ausgerechnet die Parodien des Juden Robert Neumann als satirische Vorlage dienten. Goebbels Karriere war, wie viele Karrieren im „Dritten Reich", atemberaubend, geradezu märchenhaft für einen, der aus kleinsten Verhältnissen kam wie Erich Kästner auch. Aber Goebbels hatte es ganz nach oben geschafft, während Erich Kästner zunehmend ins Abseits geriet.

Wie abwegig dieser Vergleich zwischen einem propagandistischen Verbrecher und einem moralisierenden Dichter – aber so fern standen sie sich nicht. Jeder vertrat seine Sache, und auch wenn die Moral anderes wünschen ließ, Goebbels vertrat sie erfolgreicher als Kästner. Das Spiel von Macht und Ohnmacht, es war entschieden, eindeutig. Selbst nach der Niederlage, nach dem Selbstmord der Familie, blieb der dämonische Ruf Joseph Goebbels' lebendiger als der gute Ruf Erich Kästners.

Joseph Goebbels hatte Erich Kästner gelesen, zitierte ihn gelegentlich. Ob er stillschweigend seine schützende Hand über ihn hielt, wie es sich manche Autoren und Schauspieler in jener Zeit von den Mächtigen zuweilen erhofften, ist nicht zu belegen. Erich Kästner wiederum notierte ohne nähere Erläuterung das irritierende Faktum der Sondergenehmigung in Sachen *Münchhausen*: „Goebbels wolle von nichts wissen, aber man könne mich – unter dieser personellen Voraussetzung beschäftigen. Morgen werde ich Näheres über diese neue Mutprobe des Propagandaministers hören."

Das klingt nicht nach Ironie. Kästner lobt Goebbels für dessen Mut, ihn als Drehbuchautor für den Münchhausen-Film zu beschäftigen. Aber Kästner ist außer sich vor Wut, so berichtet es seine Sekretärin Elfriede Mechnig, als er erfährt, dass sein Pseudonym Bertolt Bürger aus dem Vorspann gestrichen wurde. Es wird auch kein anderer als Drehbuchautor genannt. Warum dann die Wut? Weil er stolz war auf sein Drehbuch.

Erich Kästner erhielt viel Geld für diesen Film. Zugleich war er der Anlass für das endgültige Schreibverbot, das erlassen wurde, als Hitler von der Mitarbeit Kästners erfuhr. Es ist eine seltsame Geschichte. Erich Kästner schreibt ein Drehbuch über den größten Lügner in der deutschen Literatur. Der größte Lügner in der deutschen Geschichte, der Reichspropagandaminister Joseph Goebbels, lässt zum Jubiläum der Ufa einen Film über Münchhausen drehen, den Lügenbaron. Er weiß, wer das Drehbuch geschrieben hat, jener „Asphaltliterat", der seinerzeit Hitler in einem Gedicht beschimpfte und dessen Bücher er persönlich den Flammen übergeben hatte. In Anwesenheit des Autors.

Erich Kästner wird in der Folge verboten, aber nicht inhaftiert. Er wird ausbezahlt und ansonsten nicht weiter behelligt. War das ein Geniestreich Kästners oder eine gnädige Laune von Goebbels. Wer hat wen benutzt? Die Frage stellt sich nicht ernsthaft. Zumindest dann nicht, wenn man die tatsächlichen Machtverhältnisse bedenkt. Allein der von Goebbels propagierte „Endkampf um Berlin" kostete eine halbe Million Menschen das Leben. Die Opfer lassen sich präzise gar nicht zählen. Was Goebbels zu verantworten hat, ist in den bis dahin gängigen Kategorien historischer Schuld nur schwer zu benennen. Aber es war zu ahnen. Schon zu der Zeit, als Kästner das Drehbuch für ihn schrieb. Da ging es nicht nur um ein wenig Geld fürs Überleben, wie Luiselotte Enderle alle Nachfragen schnoddrig abwehrte. Es war auch eine Frage der schriftstellerischen Ehre. Warum sonst hätte Kästner derart wütend auf die Streichung seines Alias-Namens reagiert? Begriff er den Film als Akt des Widerstands? War es eine satirische Bloßstellung des Propagandaministers, ihn einen Film über den Lügenbaron drehen zu lassen, um ihn so, auf filmischen Umwegen, zum Eingeständnis seines eigenen Tuns zu zwingen? Das klingt gekünstelt, wenn nicht gar anmaßend, und ist schon deshalb nicht ganz abwegig. Jeder Schriftsteller traut sich mehr zu, als er kann. Der Maus mag es manchmal so vorkommen, als neckte sie die Katze.

Ein Missverständnis, das Kästner leicht das Leben hätte kosten können. Denn Hitler hätte auf die Mitteilung der geheimen Mitarbeit auch drakonischer reagieren können. Kästner wandelte auf sehr dünnem Eis. Er glaubte sich sicherer, als er es tatsächlich war. Vielleicht tat er auch nur so. Eine furchtbare Kraftanstrengung war es so oder so. Und zugleich eine Komödie, die als solche nicht erzählt werden durfte, weil sie nicht am Hofe Friedrichs des Großen inszeniert wurde, sondern im Herrschaftsraum einer Diktatur. Ein aufgeklärter Monarch lädt sich einen Aufklärer an seinen Hof, um sich im Spiegel des Hofnarren des eigenen Standes als Alleinherrscher zu versichern. Erich Kästner sieht die Dinge aus seiner Sicht. Aber angesichts der Zeitumstände wirkt diese Perspektivverengung zunehmend zynisch. Erst recht die Freude über den Erfolg des Films. Unter dem Datum des 11. März 1943 notiert Kästner vieles, „was der Stimmung abträglich war und noch ist". Darunter die „Stillegungen von Betrieben", die „Ankündigungen neuer Steuern", die „Rückverlegungen der Ostfront", „die Restabholungen der Berliner Juden (darunter Lastwagen voller Kinder zwischen 3 und 6 Jahren)". Und er notiert geschmeichelt die Uraufführung des Münchhausen im Ufa-Palast am 5. März: War der „Auftakt zu einem großen Erfolg", auf den Goebbels selbst sehr stolz gewesen zu sein scheint. Auf der sich anschließenden kleinen Feier handverlesener Gäste soll er gesagt haben, „wenn die Zeiten weniger ernst wären, hätte er ein neues Prädikat geschaffen, um es erstmalig M. zu verleihen", und hielt dann in diesem kleinen Kreis der Feiernden „noch einmal seine Sportpalastrede", in der er zwei Wochen zuvor 15000 fanatisierte Zuhörer zum „totalen Krieg" aufgeputscht hatte.

Mit welchem Blick muss Kästner diesen Mann betrachtet haben, der sein Zwillingsbruder hätte sein können. Annähernd gleich alt, annähernd gleich groß, annähernd gleiche soziale Herkunft. Annähernd gleicher Studiengang, annähernd gleiche literarische Ambitionen. Der eine wird erfolgreich als Autor, der andere scheitert im bürgerlichen Leben. Ein Gescheiterter auf Lebenszeit – wenn nicht das gänzlich Unerwartete eingetreten wäre, dass sich das deutsche Volk einem österreichischen Gefreiten als Diktator unterwirft. Einem gescheiterten Kunstmaler, der um sich ein physiognomisches Schreckenskabinett scharte, seltsame Gestalten allesamt, die eher fürs Kabarett als die politische Bühne taugten – so schien es den Kabarettisten. Doch es gab interessante Grenzfälle. Ein Mann wie Goebbels beispielsweise, der aus dem wenigen an Talent ein Maximum an Wirkung erzielte. Ganz und gar „unarisch" in seinem Auftreten, das sich durch sein Hinken als geradezu teuflisch enttarnte. Ein Wortkünstler, der auf die Macht der Rede vertraute, der künstlerische Talente auch im gegnerischen Lager erkannte und je nach Willkür seiner Laune opferte oder förderte.

Erich Kästner stand Joseph Goebbels in vielem sehr nah. Hat er sich in ihm wiedererkannt? So seltsam die Frage, so auffällig die Ähnlichkeiten. Es gab die äußerlichen, die körperlichen Wiedererkennungseffekte, aber sie scheinen rein äußerlich. Es gab Parallelen des Werdegangs, manche Vorlieben teilten sie, aber politisch trennten sie selbstredend Welten. Erich Kästner war berühmt. Joseph Goebbels war berüchtigt. Vor allem war er als Mann des Wortes unausdenkbar viel mächtiger als alle Rhetoriker und Literaten vor ihm. Zerstörerischer als die Forderung nach dem „totalen Krieg" war noch nie eine rednerische Parole gewesen. Auch nicht das *Ceterum censeo* des alten Cato, der wieder und wieder und letztlich mit Erfolg im römischen Senat die völlige Zerstörung Karthagos eingefordert hatte. Joseph Goebbels hat im „Dritten Reich" Karriere gemacht, die bis dahin unvorstellbar größte Karriere, die ein Mann seiner Herkunft zu seiner Zeit hätte machen können. Viele haben ihn dafür bewundert. Viele suchten seine Nähe. Darunter bedeutende Künstler, die ihn als jungen Journalisten und Theaterautor niemals in ihren Kreis gelassen hätten. Widerwärtig wäre er ihnen erschienen. Nun, da er die Macht besaß, besaß er auch die Aura, die ihn intellektuell satisfaktionsfähig erscheinen ließ. Hat dieser Werdegang Erich Kästner Respekt abgenötigt? Hat er sich in Goebbels, in seinem Ehrgeiz wiedererkannt? Denn das ist es doch, was Künstler und Politiker eint, sie wollen Schöpfer ihrer selbst sein. Abwegig der Gedankengang?

Thomas Mann publizierte am 3. März 1939 unter dem Titel *That man is my brother* in der Chicagoer Zeitschrift *Esquire* einen kurzen Essay, der in der deutschen Fassung den Titel *Bruder Hitler* trägt. Ein seltsamer Essay, der viele verwirrt hat, denn Thomas Mann hat darin die Verwandtschaft zwischen Dichter und Diktator erkannt und benannt. Aber diese Fraternisierung ist zugleich so unverhältnismäßig, dass der Leser versucht ist, am Verstand des Autors zu zweifeln. Wie kann sich ein kultivierter Mensch auf die Stufe stellen mit einem, der sein Land in eine Straf- und Exerzieranstalt verwandelt hat? Der Weltkrieg drohte, das wusste Thomas Mann zu dieser Zeit, und er wusste auch, um wen es sich bei Hitler handelte. Um seinesgleichen. Hitler war Künstler wie Thomas Mann. Er sah sich als Künstler, selbst als Diktator noch. Er war ernst zu nehmen, das hatte er bewiesen. Nicht als Künstler, als Politiker. Wie damit umgehen?

Bruder Hitler. Die schreckliche Hochstapelei. Das Lügnerische. Das eignet auch Künstlern. Der wahnwitzige Anspruch, der

Hass auf den leblosen Geist, der sich selbst stolz nur als Widersacher zum Leben fühlen mag. Das war Thomas Mann alles vertraut. „In den Jahren von 1918 bis 1921 lassen sich", diagnostiziert Hermann Kurzke, „eine Reihe von Gemeinsamkeiten zwischen den Ideen Thomas Manns und denen der entstehenden nationalsozialistischen Bewegung nachweisen." Viele Konservative dachten wie Hitler. Selbst dann noch, als sie begriffen, auf wessen Kosten er seine Macht auszuüben gedachte. Sein Antisemitismus schien ihnen weitaus erträglicher als ein Bündnis der bürgerlichen und proletarischen Kräfte. Hitlers Machtergreifung verdankte sich der Uneinigkeit seiner Gegner. Hitlers Machterhalt verdankte sich dem Glauben an die Macht des Einzelnen. Der Geniekult als politisches Programm. Dieses, aus demokratischer Sicht unsinnige, weil verhängnisvolle Vertrauen in die Kraft der großen Führer, sei es Bismarck, Wilhelm II., Hindenburg oder eben Hitler, speiste sich aus dem Misstrauen gegenüber dem Volk, das in den *Betrachtungen eines Unpolitischen* als prinzipiell unmündig angesehen wurde – eine Sichtweise, der sich viele ‚Adlige des Geistes' anschlossen.

Bruder Hitler ist ein Bekenntnis. Etwas von ihm ist in mir. Etwas von mir in ihm. Wer so tut, als sei ihm das alles fremd – Ruhmsucht, Furor, Wille zur Macht –, der lügt.

Es ist alles in jedem, „die Wut auf die Welt, der revolutionäre Instinkt, die unterbewusste Ansammlung explosiver Kompensationswünsche, das zäh arbeitende Bedürfnis, sich zu rechtfertigen, zu beweisen, der Drang zur Überwältigung, Unterwerfung, der Traum, eine in Angst, Liebe, Bewunderung, Scham vergehende Welt zu den Füßen des einst Verschmähten zu sehen". Viele Worte für eine bitter-schlichte Erkenntnis: Wer gedemütigt wurde, ist immer in Versuchung zu demütigen.

Thomas Mann versuchte sich in etwas hineinzudenken, was ihm äußerlich betrachtet völlig fremd war, aber doch sein Innerstes berührte: die Psyche eines Mannes, der sich an seinem eigenen Schopf aus dem Sumpf der Bedeutungslosigkeit zieht. Sinnlos, ihn für diesen Erfolg zu hassen. Viel wichtiger wäre es, dieses Kunststück zu verstehen: „... besser, aufrichtiger, heiterer und produktiver als der Haß ist das Sich-wieder-Erkennen, die Bereitschaft zur Selbstvereinigung mit dem Hassenswerten."

Warum? Weil Hitler Erfolg hatte. Der Aufstand des Lebens gegen den Geist, von vielen so pompös inszeniert als höchst feinsinnig künstlerisches Geschehen, sei es von Wagner, sei es von Thomas Mann, ein Tun, das aufgrund seiner Überreflektiertheit immer ein wenig unter Dekadenzverdacht stand, wird im Politischen mit aller Macht Wirklichkeit, aber unter gänzlichem Verzicht auf jede Ironie. Nun war der Ersehnte auf die Bühne getreten, aber nicht als Ritter, sondern als Rüpel, und er drohte die Komödie seines Erscheinens zur Tragödie für die Welt werden zu lassen. „Der Bursche ist eine Katastrophe; das ist kein Grund, ihn als Charakter und Schicksal nicht interessant zu finden. Muss man nicht, ob man will oder nicht, in dem Phänomen eine Erscheinungsform des Künstlertums wiedererkennen?"

Der Vergleich führt nicht weiter, denn er ist unverhältnismäßig. Der Künstler ist dem Herrscher längst nicht mehr ebenbürtig, er war es nie. Es war eine Lüge, schon immer. „Drum soll der Sänger mit dem König gehen, / Sie beide wohnen auf der Menschheit Höhen." Verse nur. Der Pakt Voltaires mit Friedrich dem Großen maßlose Selbstüberschätzung. Der Philosoph als „Führer des Führers" – ein fürchterlicher Trugschluss Heideggers, der ihn als Denker seltsamerweise nicht blamierte. Thomas Mann schon, er musste sich blamiert fühlen durch sich selbst, denn er hat sich in diesem Essay übernommen. Weil er viel zu wortreich eine schreckliche Erkenntnis verklausulieren wollte, die in wenigen Worten hätte ausgesprochen werden können. Charlie Chaplin hat es getan, in dem Film, der sein Leben und Schaffen beschreibt, das in jener Tragikomödie kulminierte, der Film, in dem er den „großen Diktator“ mimt. Die Ähnlichkeit zwischen dem Tramp und dem Tyrannen, zwischen dem Menschenverächter und dem Komödianten: „Genau wie ich ist er zu allem fähig.“

Wer bist du, wenn du liebst, wer bist du, wenn du hasst? Du bist außer dir, in der Liebe – wie im Hass. Liebe – das ist etwas fern aller Vernunft. Hass ebenso. Hass ist schwer zu begreifen. Die Liebe nicht minder. Liebe kann tödlich sein. Hass tötet. Wer hasst, stirbt, stirbt als Mensch. Insofern richtet sich der Hass nicht nur auf den Gehassten, sondern auch auf den Hassenden. Hass ist ein hässliches Gefühl, das zuallererst den Fühlenden verunstaltet. Auch wenn dieser Selbsthass als solcher nicht begriffen wird. Der Hass ist nie nur im Gegenüber, er ist immer auch in mir selbst. Denn ein Mensch ist wie der andere. Auch wenn von Zeit zu Zeit das Trennende überwiegt. In jedem sind die Abgründe des anderen. Aber nicht jeder bringt den Mut auf, in seine Abgründe zu sehen.

Erich Kästner hat Nietzsche gelesen in den Kriegstagen, aber er hat sich nicht sehr viel Mühe gegeben, ihn zu verstehen. Weil es einfacher war, ihn misszuverstehen. Als Lobhudler des Heroischen. Aber was der Mensch ist, klärt sich nicht durch den Blick auf andere. Die Antwort ist nur verbindlich, wenn die Frage zunächst an einen selbst gerichtet wird. Wer bin ich? Bin ich besser als andere? Ist der Wille zur Macht nur in anderen oder auch in mir? Und was, wenn es so wäre? Auf diese Frage scheint er in

Nietzsches Schriften keine Antwort gefunden zu haben. Vielleicht weil er konsequent vermieden hat, danach zu suchen. Was er gefunden hat, ist Nietzsches vermeintliche Vergötzung des „Übermenschen". Was er nicht gesehen hat, auch wenn es Nietzsche in historischen Figuren und vor allem in seiner persönlichen Biografie immer wieder vor Augen führt: Der Wille zur Macht speist sich aus der Erfahrung der Ohnmacht.

Diese Erfahrung hat Erich Kästner gemacht, zur Genüge, schon als Kind. Was daraus resultierte, war das schreckliche Gefühl der Vereinsamung, das er – als Künstler – zum Guten wendete, insofern es ihm den kühlen Blick auf seine Mitmenschen erst ermöglichte. Aber aus diesem Gefühl der Distanz, dem Wissen der Nichtzugehörigkeit erwächst zuweilen etwas weitaus Kälteres noch, eine Überheblichkeit, die zuweilen fassbar wird als Arroganz, zuweilen als ein Irrglaube des Über-den-Dingen-stehen-Könnens.

„Paris, 27. Mai 1944. Alarme, Überfliegungen. Vom Dache des ‚Raphael' sah ich zweimal in Richtung von Saint Germain gewaltige Sprengwolken aufsteigen", notierte Ernst Jünger in sein Tagebuch, „während Geschwader in großer Höhe davonflogen. Ihr Angriffsziel waren die Flußbrücken. Art und Aufeinanderfolge der gegen den Nachschub gerichteten Maßnahmen deuten auf einen feinen Kopf. Beim zweiten Mal, bei Sonnenuntergang, hielt ich ein Glas Burgunder, in dem Erdbeeren schwammen, in der Hand. Die Stadt mit ihren roten Türmen und Kuppeln lag in gewaltiger Schönheit, gleich einem Kelche, der zu tödlicher Befruchtung überflogen wird. Alles war Schauspiel, war reine, von Schmerz bejahte und erhöhte Macht." Die berüchtigte ‚désinvolture' Jüngers, Haltung und ästhetisches Programm zugleich, eint Beobachter und Geschehen auf eine ganz andere Weise, als sie ein Historiker zu schildern vermöchte. Der Künstler als vermeintlich rein Beobachtender genießt zuallererst das Glück seiner Abgehobenheit.

Wenn Erich Kästner in den Spiegel sah und Goebbels erblickte, weil ihm die Ähnlichkeit immer wieder von anderen ins Gedächtnis gerufen wurde, dann fand er welche Gemeinsamkeit? Hybris. Kästner überschätzte sich als Künstler, indem er sich innerlich im geschützten Raum glaubte. Er nahm teil, war aber nicht wirklich Teil des Geschehens. Er zog seinen Nutzen aus dem Repräsentationswillen der Mächtigen, glaubte aber zugleich, die Machthaber übertölpeln zu können, indem er mit dem Lügenbaron Münchhausen einen Gehilfen seiner satirischen Eitelkeit auf den Kampfplatz schickte, der die ganze Bagage bloßstellen sollte. Dem Tyrannen den Spiegel vorhalten, sehr dezent, auf dass niemand der Beteiligten sich gefährde, aber dem künstlerischen Ego dennoch Genüge getan wird. Das ist ihm gelungen, das ist ihm nicht gelungen, die Meinungen gehen auseinander – was schon als kleiner satirischer Gewinn verbucht werden könnte. Der Film wurde als buntes Spektakel goutiert, mit durchaus regimekritischen Einsprengseln, aber nie als Werk des Widerstands begriffen. Das sollte er vielleicht auch gar nicht sein. Vielleicht ging es Kästner tatsächlich nur um eine Gefälligkeit, und um Gelderwerb, und alle Deutelei ist überspannt. Denn Kästners Motive bleiben im Dunkeln, er selbst hat über sein Tun damals nie wirklich Auskunft gegeben. Im Tagebuch hätte er es nicht gekonnt, auf die Gefahr hin, dafür gestraft zu werden. In Gesprächen mit Kollegen konnte er nicht offen sein. Seiner Lebensgefährtin Luiselotte Enderle scheint er wenige seiner geheimsten Gedanken anvertraut zu haben, oder sie wollte darüber nicht sprechen. Nach dem Krieg hat er über seine künstlerische Kollaboration mit Goebbels nicht weiter Auskunft geben wollen, weil es das Bild des vom Regime Verfemten eingetrübt hätte. So oder so war er der Verlierer im Wettstreit der Egos, denn als Kunstwerk war der Film eine bloße Spielerei. Goebbels hingegen hatte sich mit seinem absoluten Destruktionswillen, der ihn selbst, seine Familie und Millionen andere in den Tod trieb, auf entsetzliche Weise unsterblich gemacht.

Was war geschehen im Nationalsozialismus? Den Krieg als Krieg zu schildern, das war eine Aufgabe für Historiker. Für Kästner, den Moralisten, blieb die Frage: Was ist aus den Menschen geworden? Was wurde aus ihm selbst? Er hat darauf keine Antwort gegeben. Es gab schließlich so viel anderes zu tun: der Wiederaufbau, die moralische Aufmunterung der Deutschen mittels Kabaretts und Satire, die eigene körperliche und seelische Ertüchtigung nach all den Jahren der Entbehrung. „Die anständige deutsche Bevölkerung muss als jenes Volk dargestellt werden“, notiert Kästner ins Tagebuch, „das als erstes, am längsten und am nachhaltigsten von den Nazis ausgepowert und malträtiert worden ist. Heute habe ich mir einen Tennisschläger gekauft. Für sechzig Mark. Na ja. Das Leben geht, wie gesagt, weiter.“

Das Leben ging weiter. Für viele ging es weiter wie bisher. Auch für die Verächter der Demokratie. Der Hass überdauerte den Krieg. Der Neuanfang war ein Neuanfang nur für die, die sich nicht auf alte Seilschaften verlassen konnten. Der Krieg, kaum da er zu Ende war, setzte sich fort als kalter Krieg. Was auch Kästner zu spüren bekam. Ganz offen, in den Kritiken der vermeintlich Konservativen, die ihn bald schon wieder als „Asphaltliteraten“ und „Kulturbolschewisten“ denunzierten, aber auch verdeckt, auf geheimdienstlicher Ebene.

Erich Kästner stand nach dem Krieg unter strenger Beobachtung. Nicht nur unter der seiner Freunde, die, auf sein Versprechen vertrauend, den großen Roman über das Nazi-Reich von ihm erwarteten, denn deswegen war er ja vorgeblich im Land geblieben. Er stand auch unter Beobachtung Luiselotte Enderles, die ihm seine Affären nicht durchweg verzieh und Privatdetektive auf ihn ansetzte, die ihr Rapport über sein Liebesleben erstatten sollten. Und er stand unter Beobachtung der „Organisation Gehlen", aus der später der Bundesnachrichtendienst hervorgehen sollte. Reinhard Gehlen, ehemals Chef der „Aufklärung Ost", konnte sich bei dem Aufbau seines Dienstes auf viele ehemalige Nationalsozialisten stützen, die ihr Weltbild schon deshalb ohne größere Nöte zu demokratisieren vermochten, als das alte Feindbild Bolschewismus im Fortgang der Ost-West-Eskalation immer stärker konturiert wurde. Bereits ein Jahr nach Kriegsende, so dokumentiert der Historiker Klaus-Dietmar Henke, berichtete ein Spitzel Sensationelles über Kästner: „Bekannter Kulturbolschewist, hat zweite Wohnung in Dresden, die ihm von der SMAD (Sowjetischen Militäradministration) gesichert wird." Gehlens Nachrichtendienstler verdächtigten Kästner über mehrere Jahre, „auf dem Kultursektor eine von den Sowjets gesteuerte beziehungsweise beeinflusste Tätigkeit auszuüben", ja sogar Aufträge des Sowjet-Nachrichtendienstes auszuführen.

Ins Visier war Kästner geraten zum einen, weil er seiner Gesinnung treu blieb, zum anderen, weil er weiterhin zu alten Freunden in der „Ostzone" Kontakt hielt, darunter auch die Tänzerin Gret Palucca, eine „erklärte Sowjetaktivistin", mit der Kästner „engstens bekannt" sei. Bei dem Spitzel, der Wahres und Unwahres so sensationsheischend vermengte, handelte es sich um einen alten Bekannten aus Dresdner Zeit, der als Intendant der Staatsoperette in München Karriere gemacht hatte und auch in der Bundesrepublik rasch wieder Anschluss ans Kulturleben fand: der

Theaterregisseur Fritz Fischer. Schon um sein Spitzeltun zu legitimieren, hielt er Erich Kästner für „sehr gefährlich", was in diesen ideologisch aufgewühlten Zeiten einem Rufmord gleichkam. Kästners Glück war es, dass Fritz Fischer so offensichtliche Fehlinformationen weiterreichte, dass ihm selbst die Geheimdienstler nicht wirklich vertrauen wollten. Die Ermittlungen verliefen im Sande.

Erich Kästner war bekannt und beliebt, auch nach dem Krieg, aber andere waren berühmter, allen voran Ernst Jünger und Gottfried Benn. Sechs Jahre vor Erich Kästner erhielt Benn 1951 den neu geschaffenen Georg-Büchner-Preis, ein Preisträger, der dem Namen Büchner keine Ehre machte. Als Dichter ein Genie, aber als eilfertiger Parteigänger des nationalsozialistischen Umsturzes ein Lump, so sah es zumindest Klaus Mann, der einer seiner größten Bewunderer gewesen war. Ernst Jünger wiederum, der gemeinsam mit Thomas Mann in den frühen Zwanzigerjahren zu den einflussreichsten Demokratieverächtern gezählt hatte, erwarb sich allein durch das Glück der vielen Lebensjahre Ehrungen zuhauf, darunter schließlich auch der Preis, der ihm, dem Verächter alles Bürgerlichen, am allerwenigsten zustand: den Goethe-Preis. Thomas Mann wiederum, der sich, forciert auch durch den Zwang der Umstände, vom vermeintlich unpolitischen Adligen des Geistes zum missionarischen Demokraten bekehrt hatte, war, was die Mehrung seines Weltruhms anbelangte, allen anderen so weit enteilt, dass sich Kritik an ihm nahezu verbot. Was jenen seltsamen Ton der kindlichen Ehrerbietigkeit erklärt, in dem Erich Kästner seine Leser über die Unwilligkeit des „großen Zauberers" aufzuklären versucht, je wieder deutschen Boden zu betreten. Die moralische Kluft zwischen den Daheimgebliebenen und den

Emigranten schien unüberbrückbar. Unüberbrückbar auch der Abstand zu jenen, die nach dem Krieg so taten, als seien sie in ihrer anfänglichen Begeisterung für das Regime nur kurzzeitig einem Irrtum im Dienst des Volkswohls erlegen, wie es Heidegger so pathetisch propagierte. Vergeblich versuchte Kästner, dessen Aufnahme in die Bayerische Akademie der Schönen Künste durch Zitation „führertreuer" Textzeugnisse zu verhindern. Die Zeiten hatten sich gewandelt, aber nicht die Akteure.

Erich Kästner ließ seine Verwunderung, was den Ruhm mancher Zeitgenossen anbelangte, selten offenkundig werden. Er wusste, dass die erste Unterstellung immer die sein würde, hier neide einer dem anderen den Erfolg. Ein fruchtbarer literarischer Streit konnte daraus nicht erwachsen, was wuchs, war das Gefühl der Verständnislosigkeit. Erich Kästner fand keinen Umgang mit den vermeintlichen Geistesgrößen seiner Zeit, auch nicht als P. E. N.-Präsident. *Meine Freunde, die Poeten* – ein solcher Buchtitel, wie der seines Freundes Hermann Kesten, wäre ihm nie in den Sinn gekommen. Erich Kästner hatte nicht viele Fürsprecher unter den ‚Geistesgrößen'. Er wurde geschätzt, als kabarettistischer Texter, als munterer Lyriker, als Kinderbuchautor, als Funktionär, aber in künstlerischer Hinsicht wurde anderen wesentlich mehr Respekt zuteil. Seine Karriere als Schriftsteller, die sich anfangs so ungebrochen fortzusetzen schien, endete trotz aller Verkaufserfolge früher, als er es wahrhaben wollte.

Seine Freunde und Bewunderer erwarteten einen großen Roman. Sie erwarteten von ihm, dem Augenzeugen, eine Antwort auf die Frage, warum sich die Deutschen so willig Hitler unterworfen hatten. Erich Kästner präsentierte die *Die Schule der Diktatoren*, was in didaktischer Hinsicht kein so viel schlechteres Stück als Max Frischs *Biedermann und die Brandstifter* ist, aber Kästner trifft nicht den Ton der Zeit. Seine Poetik der Umschulung wirkt zunehmend altväterlich. Sein lasziver Ton in den Bordellszenen beschämt eher, als dass er unterhält. Carl Zuckmayer hingegen, dem er als Dramatiker nie einen Welterfolg zugetraut hatte, trotz seiner Publikumserfolge in der Vorkriegszeit, präsentierte das Stück der Stunde: *Des Teufels General.*

Kästner selbst wagte kein neues Theaterstück. Er wich der literarischen Vergangenheitsbewältigung aus, indem er sich in seine Kindheitserinnerungen flüchtete, in die Nacherzählung seiner Lieblingsbücher und in das Dresdner Memoire *Als ich ein kleiner Junge war*. Selbst sein Kriegstagebuch *Notabene 45* verharrt im Duktus eines Schreibstils, der den Leser verwirrt zurücklässt, weil er die Anstrengung des Verstehenwollens vermisst.

Wie war das Geschehene zu begreifen? Dieser Pakt der Deutschen mit dem Teufel. Einst Dichter und Denker, dann Mörder und Mitläufer. Carl Zuckmayer stellt die Frage in seinem tausendfach gespielten Bühnenerfolg *Des Teufels General*, ohne wirklich die Dimension des Verbrechens gestalten zu können. Es ging bei der moralischen Selbstpreisgabe der alten Eliten um mehr als nur um eine Frage der soldatischen Ehre. Thomas Mann hingegen romantisiert den Teufelspakt auf epische Weise in *Doktor Faustus*, was die nationalsozialistischen Akteure im theatralischen Dämmerlicht wie böse Geister entschweben lässt, denn es wird niemand wirklich zur Verantwortung gezogen. Der Erzähler huldigt feinen Hirngespinsten, das Grauen vermag einer wie er, der sich Serenus Zeitblom nennt und eigentlich den *Serapionsbrüdern* zuzuzählen ist, nicht zu begreifen, weil er die Schuld für das Geschehene zuallerletzt bei sich selbst sucht. Es werden viele Heldengeschichten erzählt in jenen Jahren nach dem Krieg, den „großen Männern“, im Guten wie im Bösen, wird gehuldigt, aber das Wesen der Handlanger, der Kringeleins, jener vielen willigen Helfer, die den NS-Staat so tödlich effektiv funktionieren ließen, schien niemand ergründen zu wollen. Die Parole von der „Banalität des Bösen“ machte die Runde, noch ehe sie ausgesprochen war. Plötzlich schien alles wieder so klein und schäbig, was das Personal des „Tausendjährigen Reiches“ angeht. Die Dimension der Verbrechen hingegen überstieg im Kontrast dazu jedes menschliche Maß. Ein unbegriffenes Missverhältnis.

Im November 1945 fuhr Erich Kästner als Feuilletonchef der *Neuen Zeitung* zum Nürnberger Prozess. Er blieb nur wenige Tage, und was er von dort seinen Lesern in den *Streiflichtern aus Nürnberg* berichtete, war wenig mehr als das Offensichtliche. Gegen vierundzwanzig Männer wurde Anklage erhoben wegen der schweren Mitschuld am Tod von Millionen Menschen. Noch waren nur die wenigsten Gräuel bekannt. Aber es gab Mutmaßungen, erste Augenzeugenberichte, ungefähre Zahlen. Zahlen beschäftigten auch Kästner, weil er in der alten Arithmetik des Kabaretts rechnete: „...die Menschen sind unheimliche Leute. Wer seine Schwiegermutter totschlägt, wird geköpft. ... Wer aber Hunderttausende umbringt, erhält ein Denkmal.“ So war es noch zu Hindenburgs Zeiten. Damals war es der richtige Tonfall. Aber um diese Art Kriegsverbrechen ging es nicht mehr. *Kennst Du das Land, wo die Kanonen blühn?* Das war einmal Anlass zu Spott und Satire. Nun ging es um mehr als nur den Dünkel der Militaristen. Nun ging es um das, was daraus folgte. Es ging um Völkermord. „Ein Meer von Tränen ... Eine Hölle des Grauens ... Um zwölf ist Mittagspause.“ Das klingt zynisch und ist doch nur das Eingeständnis der Hilflosigkeit und der völligen Überforderung. Es ging ihm nicht allein so. Das Geschehene war jenseits der Vorstellungskraft. Viele der

Berichterstatter – so schildert es Uwe Neumahr in *Das Schloss der Schriftsteller. Nürnberg ’46. Treffen am Abgrund* – mühten sich in der Folge verzweifelt und auf je eigene Weise, „um einen Exorzismus an den Bildern zu vollziehen“.

Ihm tue das Herz weh, von allem, was er gehört habe, schrieb Erich Kästner. Und er wünscht sich auf der Heimfahrt, dass der Krieg für immer aussterben möge. „Wie die Pest und die Cholera. Und die Verehrer und Freunde des Krieges könnten aussterben. Wie die Bazillen.“ Und ihm fällt gar nicht auf, wie unmenschlich das dahergeredet ist. Wie er verharrt im alten Denken. Im Kabaretttton. Denn als am 22. Juni 1940 auf der Lichtung von Compiègne die französische Niederlage besiegelt wurde, dort also, wo 1918 die deutsche Heeresleitung kapituliert hatte, in jenem berühmten Eisenbahnwaggon, den Hitler aus dem Museum holen ließ, da haben Millionen Deutsche gejubelt. Sie alle hätte er gern dahingerafft gesehen wie die Bazillen, einfach so?

In dem Artikel *Wert und Unwert des Menschen*, erschienen 1946 in *Die Neue Zeitung*, fasst Kästner seine Eindrücke über den kurzen Dokumentarfilm *Die Todesmühlen* zusammen, den die Amerikaner aus Aufnahmen zusammenstellten, die bei der Befreiung der dreihundert Konzentrationslager gedreht wurden. „Ich bringe es nicht fertig, über diesen unausdenkbaren, infernalischen Wahnsinn einen zusammenhängenden Artikel zu schreiben“, gesteht er – und man glaubt ihm. „Was in den Lagern geschah, ist so fürchterlich, daß man darüber nicht schweigen darf und nicht sprechen kann.“ Er tut es dann doch, aber er wird sich nicht gerecht in dem Anspruch, diesen Wahnsinn in ungewohnte Worte zu fassen, denn die hätte es ja gebraucht, um der eigenen Ratlosigkeit Ausdruck zu geben. „Ruhige, harmlose Menschen werden plötzlich Mörder und sind stolz auf ihre Morde", konstatiert er verwundert, als wäre er nicht schon Jahre zuvor Zeuge eben dieser kollektiven Verwandlung gewesen. „Es ist unerklärlich." Dennoch ist es geschehen. Folglich gibt es nur eine Erklärung: Der Mensch ist nicht harmlos, der vorlaute Mensch nicht, und auch nicht der ruhige. Der Mensch ist ein Abgrund. Jeder von uns. Entweder blicken wir hinein. Dann sehen wir Täter. Oder wir verschließen die Augen und zählen uns zu den Opfern. Kästner sah sich als Opfer. Er bleibt sich treu in einem Augenblick, wo er eigentlich hätte verwundert neben sich treten müssen. Und er vergreift sich im Ton, weil auch seine Sprache die bleibt, die sie war. Flott formuliert er, zu flott: „Zwanzig Millionen ‚körperlich vernichtete' Gegner sind eine ganz nette Summe." Er leistet den falschen Schwur: „Nun, wir Deutschen werden gewiß nicht vergessen, wie viel Menschen man in diesen Lagern umgebracht hat." Und er stellt eine befremdende Forderung: „... die übrige Welt sollte sich zuweilen daran erinnern, wie viel Deutsche darin umgebracht wurden." Zählte er die ermordeten deutschen Juden nicht zu den Deutschen?

Das Erinnerungsbuch *Notabene 45* endet mit der tagebuchartigen Aufzeichnung der Erinnerungen eines KZ-Häftlings, dessen voller Name Kratz zu „Kr." abgekürzt wird. „Kr. kam, um zu erzählen, und was er erzählte, war grauenhaft. Es hat nicht den mindesten Sinn, den Abscheu, den der Bericht erregt, in Worte zu fassen." Dann listet er „ohne jede Gefühlsverzierung" einige der berichteten Grausamkeiten.

Mit diesen Notizen brach seinerzeit das Tagebuch ab, so schreibt Kästner in seinem *Postskriptum 1960*. Was er im Folgenden tut: Er berichtet vom Abwurf der ersten Atombombe, und davon, dass einer der Bomberpiloten wahnsinnig wurde und der andere Selbstmord beging. „Was ist denn schon unser elliptisch rotierendes Kügelchen, wenn die Menschen keine Menschen sind?"

Es sind immer nur die anderen, die den Menschen das Leben zur Hölle machen. Es sind immer nur die anderen, die dabei mithelfen, den Tätern ihr Tun zu ermöglichen oder zu erleichtern. Im Original-Tagebuch findet sich am 27. Juni 1945, also einen Monat vor dem Eintrag der KZ-Gräuel, die folgende Erinnerungsnotiz der perspektivischen Überlegungen des für Theaterfragen zuständigen amerikanischen Sergeanten: „… sie müssten notgedrungen mit den deutschen Künstlern arbeiten, die bei den Nazis, also für sie gearbeitet hätten, weil es ja andere Künstler kaum gäbe. Mit solchen freilich, die wie Gründgens, Furtwängler usw. den Nazis besonders nahe gestanden hätten, sei eine Mitarbeit unmöglich." In der Buchfassung schmückt er diese Erinnerungen noch ein wenig theatralisch aus: „Sie hätten ihren guten Namen verwirkt", redet sich der Sergeant da in Rage. „Talent sei kein Freibrief. Sie hätten Hitler geholfen, das Dritte Reich künstlerisch salonfähig zu machen."

Gefährliche Worte, die Kästner den Sergeanten da sagen lässt. Denn treffen sie nicht auch auf den Drehbuchautor des *Münchhausen*-Films zu? Aber daran will Kästner Jahre später nicht zurückdenken. Schon im *Blauen Buch* hat er diese Erinnerung verdrängt und will von der Frage nach der Mitschuld nicht behelligt werden: „Nun, was geht mich das alles an?", notiert er in direkter Erwiderung auf die Bedenken des Sergeanten, „Ich bin einer der ganz wenigen, die für die Nazis nicht gearbeitet haben, und doch bringt man mir ein gerütteltes Maß Misstrauen entgegen."

Dieser Eintrag findet sich in *Notabene 45* nicht mehr. Weil Kästner so felsenfest von seiner Unschuld überzeugt war – oder weil er sich seiner Heuchelei schämte?

Erich Kästner lebte nach dem Krieg weiter, als sei nichts gewesen. Er blieb seinem Stil treu – in Ermangelung eines anderen. Aus Bequemlichkeit. Aus Scheu. Aus Angst vor dem Misserfolg. Aus nachlassendem Vertrauen in sein Talent. Es schien ja alles gut. Im Privaten wie im Literarischen sah er keine Notwendigkeit, sich als ein anderer zu erkennen. Er hatte überlebt. Er hatte sich nichts zuschulden kommen lassen. Er klammerte sich an seine alten Erfolge. Er liebte, wie er immer geliebt hatte, mit einer gewissen verzweifelten Wahllosigkeit: „Wir suchen nicht. Wir lassen uns bloß finden."

Er mochte die Frauen, die Frauen mochten ihn. Sie schätzten ihn als Trophäe und er liebte den leiblichen Zeitvertreib. Als Verführer hatte er es leicht. Er war spendabel mit Geld und Komplimenten. An die eine schrieb er: „Beiliegend 100.– [Mark] … Küßchen. Dein Columbüßchen." An die andere: „… grüß Deine Nase, Deine Nasse und alles Zubehör und Zubeschau und Zubeleck und Zubegriff tausendmal." Er war großzügig, nicht nur mit seinen Schmeicheleien, spendabel, nicht verschwenderisch. Ein Egoist, ein Routinier, Charmeur, Connaisseur, ein alter Mann, der jugendlich daherkam. Was sonst muss man wissen vom Wesen und Treiben eines notorischen Verführers? Nichts. Weil nichts daraus zu lernen ist.

Das Wesen der Romanze ist ihre Flüchtigkeit. Ein Lustspiel nach Wiener Manier, immer ist da ein „süßes Mädel" und ein „seriöser Herr", und ein wenig Wehmut ist auch im Spiel, aber traurig wird es nicht enden, denn es ist ein altes Spiel. Letztlich wissen die Beteiligten, was sie zu tun haben, solange niemand aus der Rolle fallen will.

Das Wesen des Verführers ist es, Unglück zu bringen. Jeden Don Juan erwartet irgendwann sein Todesurteil, und sei es auch nur die Verwahrung im Altenstift, wie Casanova geschehen. Die Rollen zu verwechseln, wäre fatal. Liebeleien sind das eine, ein Reigen von Liebschaften, die sich selbst in einer Ehe gut handhaben lassen, weil es sich um wenig mehr als wechselseitigen Interessensaustausch handelt. Das andere ist Liebe. Viele der jungen Frauen, die Kästner anhimmelten, waren mit seinen Büchern aufgewachsen. Sie kannten ihn von Kindesbeinen an, liebten ihn von Kindesbeinen an. Sie flirteten nicht mit Erich Kästner, sondern mit dem Vater von Emil und Lotte. Kästner wiederum war sich als Teilzeit-Lebemann und feierabendlicher Don Juan für kein amouröses Abenteuer zu schade, weil er sich in jeder Hinsicht für durchaus vorzeigbar hielt. Womit er recht hatte. Zumal er unverheiratet war.

Die Frage: Welche Frau macht mich glücklich?, schien sich in diesem Reigen der Eitelkeiten gar nicht zu stellen. Eher schon: Welche Frauen will ich noch unglücklich machen? Nicht in voller Absicht, natürlich nicht, es ergab sich einfach so, aus seiner spielerischen Auffassung der Liebe. Er war kindisch in seinen Liebesbriefen, kindischer noch als in den Briefen an seine Mutter. Er nahm die Liebe nicht ernst, so scheint es. Das sollte sich rächen.

Aus Sicht der Frauen war er eine verführerische Trophäe, weil er leichte Beute sein wollte, was darauf hoffen ließ, dass da eine geheime Sehnsucht in ihm schlummerte. Das war sein Zauber, den er glaubte, immer wieder gefahrlos ausspielen zu können. Was er Barbara Pleyer zum Abschied schrieb, hätte er vielen seiner Liebschaften schreiben können: „Du hast geglaubt, ich sei so, wie ich bin, nur, weil ‚die Richtige' nicht dagewesen sei. Nein. Ich bin ein Kaninchen, aber ein wildes, noch dazu mit einer Art Gewissen. Und unveränderlich. Keine reine Freude."

Was lässt sich von der Liebe zu den Frauen erhoffen? Vergnügen. Mehr war da nicht. Denn Geborgenheit hatte er immer nur bei seiner Mutter gefunden. Eine Geborgenheit, die er so nur bei Luiselotte Enderle suchte und fand. Sie war schlagfertig, trinkfest und vor allem war sie seine Heimat, denn sie teilten die Erinnerungen an die Welt von gestern. Aber diese Geborgenheit war erkauft mit dem Fluch, ewig Sohn bleiben zu müssen. Eskapaden waren ihm gegönnt, aber niemals der Auszug in ein eigenes Heim. Denn damit hätte auch sie ihr Zuhause verloren.

Es gibt eine Liebe, die Leben retten kann. Es gibt eine Liebe, die Leben zerstören kann. Erich Kästner schien es nie für möglich gehalten zu haben, dass Luiselotte Enderle Ernst machen könnte mit der Liebe, indem sie alles von ihm abverlangt. Mehr, als er zu geben bereit war. „Männer wollen immer die erste Liebe einer Frau sein. Wir Frauen haben in diesen Dingen mehr Gefühl: Wir möchten die letzte Liebe eines Mannes sein." Bei Oscar Wilde erwuchs daraus eine Komödie, bei Erich Kästner eine Tragödie. Aber kein Roman. Er hat darüber nicht geschrieben, über das Verzweifeln an der Liebe, weil ihm das Verständnis für sich selbst fehlte – und für sein Gegenüber. Das gestand er offen ein: „Aber: so wie Du möchtest, daß ich wäre, war und bin ich nicht. Mein Leben lang hab ich Frauen gekränkt und traurig gemacht. … Du hättest mich so gern geändert, – ich kann mich nicht einmal selber ändern."

Diese Worte, die Erich Kästner seiner Geliebten Barbara Pleyer schrieb, waren wohl eher an sich selbst als an sein Gegenüber gerichtet. Ein resignatives Eingeständnis, das er als Lizenz für ein munteres Weiter-so zu nutzen gedachte. Zumal – Frauen haben selten schlecht über ihn gesprochen, auch wenn er keine glücklich gemacht hat. Außer seiner Mutter. Und nur die zählte.

Was nützt die Liebe dem Dichter, wenn sie ihn nicht zur Erkenntnis seiner selbst bringt? Don Juan war kein glücklicher Mann. Der alternde Casanova nicht stolz auf sein Tun. Liebe, seriell gedacht, ist ein zwanghaftes Handeln, das zu keinem guten Ende führt. Zu viel Schauspielerei. Zu wenig Gefühl. In Sachen Liebe war Erich Kästner ein Getriebener. Einer, der so tat, als sei er ein großer Liebender, dabei war er nur ein großer Verächter der Liebe. Er erkaufte sich die Nähe mit einem Versprechen, das keins war, denn er ließ ja nie einen Zweifel daran, dass er nicht treu sein konnte. Das kleine Glück von Tag zu Tag, denn der übernächste Tag konnte schon ein neues Glück bringen. Die Frauen glaubten ihm insgeheim nicht, sie hofften stets auf mehr. Dass er so unzuverlässig in seinen Gefühlen war, blieb ihnen ein Rätsel. Sie trauten ihm doch so viel mehr zu. Sie spürten, sie glaubten zu spüren, dass er bereit sei für die eine, ganz große Liebe. So wie seine Freunde spürten, dass er an sich selbst litt. An dem Anspruch, den einen, den ganz großen Roman zu schreiben.

Er hat immer wieder versucht, sich neu zu erfinden, nach dem Krieg. Mit lebemännischem Elan und erotischer Besessenheit, mit Charme, mit Witz, mit Versen, mit allem, was ihm als Mann und Dichter zur Verfügung stand. Ihm eilte ein Ruf voraus, dem er hinterherhetzte im Alter. Er war nicht immer gut zu den Frauen, aber das war Kalkül, nur so konnte er sie zeitig wieder verabschieden. Er brach ihnen nicht das Herz. Denn er fand es gar nicht. Er suchte auch nicht danach.

Das Wesen der Romanze: Es gibt kein Happy End. Es gibt nur immer die nächste Romanze. Erich Kästner war versiert darin. In der Filmkomödie *Liebe will gelernt sein* aus dem Jahr 1963 spiegelt Erich Kästner sein Leben als Boulevardstück. Er schrieb das Drehbuch nach seinem Theaterstück *Zu treuen Händen*, das er unter dem Pseudonym Melchior Kurtz aufführen ließ, weil er sich dessen Belanglosigkeit schämte.

Christoph Mylius, Schriftsteller, Liebling der Frauen, der alten wie der jungen, ist liiert mit der divenhaften, lebensklugen Schauspielerin Hermine, die vergeblich um ihn kämpft, weil er sich den Avancen seiner Sekretärin Dora nicht zu erwehren vermag – die ihm partout ihre Jugend zum Opfer bringen will. Kein Leser kann auf Mylius neidisch sein. Oder ihn lieben wie Fabian. Mylius ist viel zu lebensgewandt, viel zu selbstsicher in seiner Rolle, als dass er mehr als einen schmalen Applaus verdient hätte. Das Lachen ist ein ganz anderes als bei der Lektüre von *The Importance of Being Earnest*, in dem Oscar Wilde zwei Lebemänner auftreten lässt, denen viele Fehler anzukreiden sind, nur nicht der der präsenilen Eitelkeit.

„In existenziellen Fragen ist Eleganz, nicht Ehrlichkeit das Entscheidende." Eleganz und Stil. Der alternde Schriftsteller Mylius müht sich darum vergeblich. Er weckt mehr Mitleid als Bewunderung. Alles, was ihm geblieben ist: Geld – und der Applaus eines alternden Publikums, das er zunehmend verachtet. „Ich gehe durch die Gärten der Gefühle, die tot sind, und bepflanze sie mit Witzen." Serielle Befriedigung leiblicher Notdurft. Sehr sachlich in Szene gesetzt. Wozu das alles?

Als junger Leser ist man auf alte Männer nicht neidisch. Die Routiniertheit ihres Liebeslebens ödet an. Ein Casanova ist ein Casanova, kein Romeo. Sein Tun ist sinnlos. Sonst würde er sich nicht wiederholen. Es widerspricht der Idee der romantischen Liebe. Die jungen Männer in Erich Kästners heiteren Romanen lieben anders. Sie wollen das Happy End. Sie wollen das Happy End genauso wie ich als Leser. Wir wollten beide glücklich sein, Leser und Autor. Nicht nur auf Zeit. Nicht nur für eine kurze Affäre.

Als Heranwachsender glaubte ich an die große Liebe, denn sie hatten es mir versprochen, Tucholsky und Kästner und

Remarque, dass sich mit ein wenig Glück die große Liebe finden lässt, überall, zu jeder Zeit. Auch Erich Kästner schien daran noch glauben zu wollen. Mit Friedel Siebert wollte er glücklich werden. Diese eine große Liebe, viel zu spät. Er wollte sie ganz für sich, untersagte ihr das Arbeiten, hielt sie aus, schuf ihr ein Zuhause, als der Sohn geboren wurde, und wollte doch nicht für immer bei ihr bleiben. Über die wenigen Jahre des wechselnden Zusammenlebens ist nichts Näheres bekannt. Sie lebte in einem Berliner Vorort, er pendelte zwischen München und der Mauerstadt, wo er als Schriftsteller nicht mehr in Erscheinung trat. Seine Anwesenheit war eine Zeitungsnotiz wert, mehr nicht. Als Familienvater machte er auf den wenigen Bildern keine glückliche Figur.

Diese Zeit des Zusammenseins genügte keinem der Beteiligten. Nicht ihm, nicht ihr, nicht dem Sohn. Auch nicht Luiselotte Enderle, der die Rolle der Hexe in diesem Stück zugedacht war. Sie allein stand dieser Liebe im Weg. Sie trug die Schuld an dem Unglück aller. Denn sie drohte mit Selbstmord. Und er wollte sein Glück nicht mit dem Unglück eines anderen Menschen erkaufen. Wer hätte da eine Lösung finden können? Die Logik des Boulevards empfahl die Liebe zu dritt, nach festem Stundenplan. Aber die Logik des Boulevards funktionierte im wirklichen Leben nicht. Aus der Romanze wurde kein Lustspiel und kein Roman. Eine Tragödie erwuchs daraus, die alle in die Einsamkeit entließ. Die Tragödie erwuchs aus seiner Hybris. Er wollte dem allen mit Vernunft beikommen. Arrangements treffen. Forderungen herabmildern. Ausgleich suchen. Aber im Hass wie in der Liebe hat nicht die Vernunft das letzte Wort. Seine Mutter hätte ihn freilassen müssen, seinerzeit, sie brachte es nicht übers Herz. Luiselotte Enderle hätte ihn freilassen müssen. Er selbst hätte sich befreien müssen. Es war nicht allein sein Tun, das dieses Unglück heraufbeschworen hat. Aber er war nicht unschuldig an dem, was ihm widerfuhr.

Erich Kästner lehrt mehr über die Liebe, als er wusste. Denn es scheint, er hat sein Mitwirken in dieser Tragödie nie wirklich begriffen. Weil er die Liebe nicht begriffen hat. Der Kopf überstimmte fortwährend das Herz. Aber mit dem Verstand ist in der Liebe nichts zu begreifen. Weder Luiselotte Enderle noch Friedel Siebert wollten eine vernünftige Lösung. Oder einen Kompromiss. Er verstand nicht, warum sich nicht regeln ließ, was sich bis dahin immer hatte regeln lassen. Er verstand die Tragödie nicht, weil er ein Lustspielautor war – dem die letzte gute Pointe versagt blieb. So verharrte er in kindlichem Trotz: „Man soll den Mächten, die das Herz erschufen, nicht dankbar sein."

III. DAS VERLORENE LACHEN

„… den eigenen Tod, den stirbt man nur,
Doch mit dem Tod der anderen muss man leben."
Mascha Kaléko

Der Literaturkritiker Marcel Reich-Ranicki widmet Erich Kästner in seiner Autobiografie *Mein Leben* ein ganzes Kapitel: „Herr Kästner, seelisch verwendbar". Ein Kapitel, in dem es nicht um Literatur geht, sondern ums Überleben, genauer, um Literatur, die beim Überleben hilft.

Im Warschauer Getto, diesem großen Sammelplatz der Vernichtung, gab es nicht viele deutsche Bücher. Als Marcel Reich-Ranicki dort auf den Tod wartete – alles andere schien ihm unwahrscheinlich –, tat er das, was er sein ganzes Leben lang tat: Er las Bücher. In der Bibliothek eines Freundes entdeckte er einen schmalen Gedichtband, *Doktor Erich Kästners Lyrische Hausapotheke*, erschienen 1936 in Zürich. Er durfte das Buch ausleihen, aber nicht behalten. Er wollte das Buch kaufen, aber im Getto war es nicht zu erwerben. Da geschah ein kleines Wunder: Er bekam es geschenkt.

Teofila Langnas wurde 1920 in Lodz geboren. Ihr Vater war ein wohlhabender Kaufmann, der seine Tochter auf eine Privatschule schickte. Sie spielte Klavier, sprach mehrere Sprachen und wollte nach der Schule in Paris Kunst studieren. Als die Deutschen in Polen einfielen, floh Teofila mit ihren Eltern nach Warschau. Im Sommer 1940 wurde dort ein Getto eingezäunt als Sammellager für die Deportationen ins Vernichtungslager Treblinka. Annähernd eine halbe Million Menschen wurde in das Getto verschleppt.

Teofilas Vater litt unter Depressionen. Ein deutscher Soldat hatte ihn geohrfeigt, noch in Lodz, grundlos, ihn, den wohlhabenden Kaufmann, den Mitinhaber einer florierenden Textilfabrik, der kurz nach dem Einmarsch der Deutschen enteignet worden war. Von diesem Tag an sprach er immer wieder von Selbstmord. In Warschau, wohin die Familie geflohen war, schien er sich wieder gefangen zu haben. Aber kaum war er allein in der kleinen Wohnung, erhängte er sich an seinem Gürtel. Teofila fand ihn, rannte aus dem Zimmer in die Küche, holte ein Messer, doch „ihre Kraft reichte nicht aus, den Gürtel zu durchschneiden".

Helene Reich bat daraufhin ihren Sohn Marcel, sich um Teofila zu kümmern. Die beiden wurden ein Paar. Teofila, von Marcel Tosia genannt, konnte sehr schön zeichnen und sie hatte eine feine Handschrift. So kopierte sie eigenhändig 56 Gedichte aus dem Gedichtband Erich Kästners und illustrierte sie – *dr. Erich Kästner's Lyrische Hausapotheke*. Sie schenkte diese bebilderte Gedichtsammlung ihrem Freund zum einundzwanzigsten Geburtstag. Ein Faksimile erschien im Jahr 2000 in der Deutschen Verlags-Anstalt. Darin ist zu sehen, was Teofila später alles angestrichen, unterstrichen, mit Ausrufezeichen versehen hat.

Teofila und Marcel heirateten 1942 im Getto. Drei Jahre lebten sie dort. Am 3. Februar 1943 konnten sie fliehen. Teofilas Mutter und Marcels Eltern starben in Treblinka, Marcels Bruder Alexander wurde im Arbeitslager Poniatowa erschossen. Marcel Reich-Ranicki wurde später das, was er immer hatte werden wollen: ein berühmter deutscher Literaturkritiker. Sein Erinnerungsbuch *Mein Leben* war ein Welterfolg. Teofila Reich-Ranicki hingegen fand nie wieder zurück in die Träume der Jugend. Depressionen und Albträume quälten sie lebenslang.

Sie hat in der Zeit des Gefangenseins Bilder gemalt, Aquarelle, die den Alltag im Getto darstellen, sie sind als Dauerleihgabe im Jüdischen Museum in Frankfurt zu sehen. Ihr Sohn schrieb dazu: „… wenn ein Deutscher diese Bilder gesehen hätte, wäre das einer Todesstrafe gleich gewesen. Es war also wirklich gefährlich für sie. Sie hatte eine Tante, die außerhalb des Gettos wohnte, weil sie nicht jüdisch aussah. Die hat die Bilder rausgeschmuggelt und ihr angeboten, auch sie mit falschen Papieren rauszuholen. Sie hätte gehen können, aber nicht mit meinem Vater. Sie ist bei ihm geblieben. Meine Mutter war eine starke Persönlichkeit. Nach dem Krieg hat sie noch versucht, eine Kunstschule zu besuchen. Aber sie hat nicht mehr malen können, sie war seelisch zerbrochen." Sie ließ es sich nie anmerken, nicht in der Öffentlichkeit. Sie spielte eine Rolle, aus Überzeugung, und wurde gerühmt dafür als humorvolle, kluge, warmherzige Ehefrau Marcel Reich-Ranickis. Welches Leben hätte sie leben können, wäre es nicht zu all den Gräueln gekommen?

Inmitten der Grausamkeiten so viele Gesten der Liebe. Im Warschauer Getto, erzählt Marcel Reich-Ranicki, wurde viel musiziert. Die Musik trug davon. Die Liebe trug davon. Es gab ein verzweifeltes Hoffen, dass sich doch noch alles zum Guten wenden könnte. Wider alle Vernunft. Es gab einen Alltag, ein Klammern an Gewohnheiten. Es blieb die Liebe zur Kunst, selbst zur deutschen Kunst, zur deutschen Sprache, obwohl sie die Sprache der Mörder war. Deshalb, aus Liebe zur deutschen Sprache, hat Teofila Kästners *Lyrische Hausapotheke* für Marcel von Hand kopiert und die Blätter zum Buch zusammengeheftet. Es war ihr Geschenk zu seinem einundzwanzigsten Geburtstag, in der Hoffnung, dass es nicht sein letzter sein würde. „War mir je ein schöneres Geschenk zugedacht worden? Ich bin nicht sicher. Doch nie habe ich eins bekommen, auf das mehr Mühe verwendet wurde – und mehr Liebe."

Warum gerade die Gedichte Erich Kästners? Gelegenheitsgedichte, dem Anschein nach. Verfasst in so leichtem Ton, dass sie von der Kritik als lebenstauglich, aber nie als große Kunst eingestuft wurden. Große Kunst hat der landläufigen Meinung nach immer etwas Unverständliches an sich, ein Geheimnis, das die Kritik und natürlich auch die Leser vor immer neue Herausforderungen des Entzifferns stellt. Hölderlins stets bedeutsame Verse lassen sich nicht einfach so lesen, seine Lyrik will gedeutet sein. Kästners Verse hingegen haben kein Geheimnis, zumindest keines, das sich als solches aufdrängt. Sie sprechen aus, was ist. Sie benennen in klaren Worten, was sonst durch poetische Phrasen verbrämt wird. Vielleicht halfen sie deshalb beim Überleben. Gebrauchslyrik nennt sich das, wenn Gedichte so leicht verständlich sind, dass sie jedem einleuchten. Selbst in Situationen, in denen einem nichts mehr einleuchten will.

Einige der Gedichte sind hervorgehoben, einzelne Strophen, Zeilen sind angestrichen, von Teofila, nicht von Marcel Reich-Ranicki. „Ich wollte seelischen Nachhilfeunterricht von Erich Kästner haben", so ihre Begründung. „Ich lebte weiter. Fragen Sie nicht, wie." Diese eine Zeile aus dem Gedicht *Kurzgefaßter Lebenslauf* ist ebenfalls markiert, aus gutem Grund. Die Aufforderung, das Nachfragen sein zu lassen, war ernst gemeint, von ihr, von vielen Opfern. Und sie war zugleich rhetorisch, denn Marcel Reich-Ranicki beklagt in seiner Autobiografie, dass es Jahrzehnte dauerte, bis Kollegen und Freunde ihn darauf ansprachen, wie es denn gewesen sei, damals im Getto, den eigenen Tod so nah vor Augen und den der anderen. Wie ist es dir ergangen? Die Frage unterblieb. Aus Scheu, aus Ignoranz, aus Angst. Die erste Journalistin, die „aufrichtig und ernsthaft wünschte", über seine Erlebnisse im Getto informiert zu werden, war Ulrike Meinhof, die spätere Terroristin.

Auch der Sohn Andrew Reich-Ranicki wagte nicht, allzu genau nachzufragen, wie es denn gewesen sei damals im Vorraum der Hölle. Selbst Marcel Reich-Ranicki mied manches anzusprechen, aus Vorsicht, aus Sorge um ihrer beider Glück. Er wusste, Teofila hätte aus dem Getto fliehen können, sie sah so viel deutscher aus als er selbst. Aber sie blieb bei ihm. Was ihr fast zum Verhängnis geworden wäre. Im Herbst 1942 wurde sie auf dem Weg zur Arbeit aufgegriffen, wahllos wie viele andere, und auf den „Umschlagplatz" geführt, wo die Züge nach Treblinka abgingen. In letzter Minute konnte Marcel Reich-Ranicki sie dank eines jüdischen Milizionärs aus der auf die Züge wartenden Schar der Todeskandidaten herausholen. „Wie sie auf den ‚Umschlagplatz' geraten war und was sie dort erlebt hatte, wollte oder konnte sie mir nicht erzählen. Ich habe es nie erfahren."

Hat er sie gefragt? Vermutlich hat niemand sie danach gefragt, niemand hat gewagt, sie danach zu fragen. Obwohl sie bis zum Ende darunter litt. „Wer, zum Tode verurteilt, den Zug zur Gaskammer aus nächster Nähe gesehen hat, der bleibt ein Gezeichneter – sein Leben lang." Das Grauen ließ sie nicht los, und sie ließ das Grauen nicht los. „Sie kann sich, so pervers das anmuten mag, an Hitler, an marschierenden SS- und SA-Truppen nicht satt sehen. ‚Das ist mein Leben', sagt sie, ‚alles war davon determiniert.'" Und der Sohn berichtet: „Als sie 1953/54 beim polnischen

Rundfunk in der Auslands-Abteilung arbeitete, kam ein Besucher, der wollte nach Auschwitz. Meine Mutter ist mit ihm gefahren. Das war ein Fehler, sie kam völlig verstört zurück."

Marcel Reich-Ranickis Leben war ein anderes. Ihm gelang es, den Blick nach vorn zu richten. Er hat nach dem Krieg kein Konzentrationslager besucht, auch nicht das Warschauer Getto. Er wollte Erfolg, er wollte diesen Erfolg in Deutschland, weil er die deutsche Sprache und die deutsche Literatur über alles liebte. Auch wenn es die Sprache der Mörder war. Er wollte diesen Erfolg ihnen zum Trotz. Viele der Täter waren ja noch am Leben. Die wenigsten kamen je vor Gericht.

Teofila ist dennoch mit ihm nach Deutschland ausgewandert, als der Antisemitismus im kommunistischen Polen lebensbedrohlich wurde. Es fiel ihr schwer. Albträume plagten sie. Sie brauchte starke Schlafmittel, um überhaupt einschlafen zu können. Und sie musste miterleben, dass ihr Mann keineswegs immer nur mit offenen Armen empfangen wurde. Es gab Ressentiments. Vorbehalte, die spürbar waren, aber als solche nie offen vorgetragen wurden. Sein Jüdischsein war Thema, insgeheim.

Die Geschichte Marcel Reich-Ranickis, so wie er sie in *Mein Leben* erzählt, erstaunt und verwundert, denn sie ist eine Erfolgsgeschichte wider Erwarten. Ein Triumph, auch über Hitlers *Mein Kampf*, dem er sich schon im Titel entgegenstellt.

Die Geschichte Teofila Reich-Ranickis, die als solche nie erzählt wurde, weil sie ein geheimes Leben hätte beschreiben müssen, eins, das aus peinigenden Erinnerungen und nie gelebten Sehnsüchten besteht, diese Geschichte hingegen verstört. Es ist ein Rätsel, woher sie die Kraft nahm, weiterzuleben. Ein noch viel größeres Rätsel ist ihre Antwort auf diese Frage. Sie selbst sagt, die Gedichte Erich Kästners gaben ihr die Kraft, die nötig war, zu überleben. Ein deutscher Dichter schreibt Verse, die helfen, das Unsagbare, das seine Landsleute angerichtet haben, wenn nicht zu begreifen, so doch einzuordnen. Indem sie daran erinnern, dass Menschen nicht nur Böses wollen, auch wenn sie für das Gute vielleicht gar nicht geschaffen sind. „Mitten in unsere jämmerliche Existenz trafen uns die zwei Verse, mit dem Titel ‚Moral', diese acht Worte: ‚Es gibt nichts Gutes, / außer: man tut es!"

Teofila und Marcel Reich-Ranicki überlebten den Krieg und die Judenverfolgung, weil ein polnischer Setzer namens Bolek sie in seinem kleinen Haus zwei Jahre lang versteckte. Zwei Jahre. Er war Trinker, seine Frau Genia Analphabetin, sie hatten kaum Arbeit und wenig bis nichts zu teilen. Dennoch nahmen sie die beiden Flüchtenden auf. Wenn die Laune sie überkam, drohten sie mit Rauswurf, mal der Mann, mal die Frau, doch sie machten nie Ernst mit ihren Drohungen. Sie litten gemeinsam Hunger, die Flüchtlinge noch mehr als die Hausherren, die das wenige nicht gerecht teilen wollten. Die Angst vor Entdeckung, die Angst, nicht mehr geduldet zu werden, trieb das junge Paar schier in den Wahnsinn. Um sich unentbehrlich zu machen, erzählte Marcel Reich-Ranicki Geschichten, jeden Abend trug er vor, was er aus all den vielen gelesenen Romanen und Erzählungen in Erinnerung behalten hatte, Proviant der Seele, den er nun teilte. So wie Scheherazade einst den launischen Sultan durch ihre Erzählungen davon abgehalten hatte, sie nach der ersten Liebesnacht zu töten, so hielt der Flüchtling seinen wankelmütigen Gastgeber davon ab, sie den Deutschen auszuliefern. Die beiden überlebten, versuchten, in Polen heimisch zu werden, und übersiedelten, trotz vieler Vorbehalte Teofilas, 1958 nach Deutschland. Vielleicht ahnte sie, dass ihr Mann nicht nur mit offenen Armen empfangen werden würde. Ganz sicher wusste sie, dass sie im Land der Täter niemals Ruhe vor ihren Erinnerungen würde finden können.

Im Herbst 1957 traf Marcel Reich-Ranicki, damals noch in Polen lebend, Erich Kästner in München. Sie verabredeten sich im Café Leopold in Schwabing. Erich Kästner war auf dem Höhepunkt seines Nachkriegsruhms. Gerade war ihm der Georg-Büchner-Preis verliehen worden, denn es galt den Preisrichtern zufolge, „den strengen Geißler der Zeit" zu loben, „den scharfblickenden Moralisten, den Dichter, dessen anmutige und menschlich-gütige Erzählungskunst die Jugend vieler Völker entzückt". Eine Ausgabe seiner *Gesammelten Schriften* wurde vorbereitet. Verfilmungen waren in Arbeit. Es schien fast wie damals in den Berliner Jahren, als ihm der Erfolg einfach so zugeflogen war. Erich Kästner wirkte liebenswürdig, so beschreibt es der Literaturkritiker, „schlank und charmant, flott und elegant". Erstaunlich jung für sein Alter, so empfand es Reich-Ranicki damals. Erich Kästner stellte höflich Fragen, Reich-Ranicki erzählte aus der Zeit im Getto und zeigte ihm das handgeschriebene Exemplar seiner *Lyrischen Hausapotheke.*

„Allerlei habe er sich vorstellen können, nicht aber, daß im Warschauer Getto seine Verse gelesen wurden, ja, daß man sie sogar von Hand kopierte – wie man im Mittelalter literarische Text abgeschrieben hatte. Er war gerührt." Er hatte Tränen in den Augen, so schien es Marcel Reich-Ranicki, der in seinen Erinnerungen nicht weiter darüber spekuliert, was dieses von Teofila handgeschriebene Exemplar an Empfindungen in Kästner ausgelöst haben muss. Was seltsam ist. Denn war das nicht gerade seine Absicht? Erich Kästner zu zeigen, wie wichtig er als Autor für das junge Ehepaar in den Jahren der Verfolgung gewesen war, wie wichtig seine Verse gewesen waren? Warum sonst hätte er diese wertvolle Handschrift mit auf seine Auslandsreise genommen, wenn nicht als Zeichen des Vertrauens und des Dankes? Er erwähnt auch nicht in seiner Autobiografie, ob es Teofilas Wunsch war oder der seine, oder beider Wunsch, dass Kästner von der Zeit im Getto erfuhr, und von diesem Buch, das Zeugnis ablegt, von einer so ungewöhnlichen Liebe zur Literatur, und zu einem Autor. Darüber wurde geschwiegen. Das alles steht zwischen den Zeilen.

Anlässlich seines siebzigsten Geburtstags begegneten sich Erich Kästner und Marcel Reich-Ranicki – der nun schon berühmt und gefürchtet war als „Kritikerpapst" – in Berlin wieder. Sie trafen sich in *Mampes guter Stube* am Kurfürstendamm, dort wo Joseph Roth seinen *Radetzkymarsch* geschrieben hatte, den Roman eines Untergangs, der Kästner nie gelang. Dort, wo auch Hans Fallada gesessen und getrunken hatte. Fallada, der den Mut fand für das, was Kästner nie wagte, den eigenen Niedergang so aufrichtig wie möglich in Worte zu fassen. Beide, Roth wie Fallada, waren Trinker gewesen, Drogensüchtige. Der eine hat sich in der *Legende vom heiligen Trinker* die Absolution erteilt, indem er sich selbst als Säulenheiligen des Scheiterns verewigte. Der andere hat in dem Buch *Der Trinker* ein Porträt der Sucht und des Süchtigen gegeben, wie es schonungsloser noch nie gezeichnet worden war. Beide waren an ihrer Krankheit gestorben. Auch Erich Kästner würde daran sterben.

Er saß da und trank. Er war betrunken gekommen, er ging betrunken. Viele Worte fand er nicht mehr. Die Geister der Vergangenheit waren allesamt entflohen, nicht mehr namhaft zu machen. Er selbst war zum Geist geworden, zum Schatten seiner selbst. Warum trank er so viel? Marcel Reich-Ranicki hat die Frage nicht gestellt.

In der Literaturserie *Lauter schwierige Patienten* kommt er noch einmal auf den Fall Kästner zurück, und wieder weicht er der Frage aus, warum sich Erich Kästner zu Tode getrunken hat. Es mag viele Ursachen haben, dass ein Mensch unglücklich ist, gibt er zu bedenken. Aber die Frage bleibt: Warum war Erich Kästners Niedergang nicht aufzuhalten? Doch, diese Frage darf ein Leser stellen, vor allem wenn er mit dem Autor aufgewachsen ist. Warum war Kästner im Alter so unglücklich? Wo war sein Lachen? Auch diese Frage ist zulässig, weil aus dem gleichen Grunde herrührend. Erich Kästner war für viele Menschen wichtig, ein Freund in der Not. Aber wohl nur für Teofila Reich-Ranicki lebensrettend.

Als sie von ihrem Mann die Nachricht erhielt, Erich Kästner sei gestorben, sagte sie nur: „‚Nein.‘ Dann war es ganz still. Wenn ich mich recht entsinne, waren meine Augen wieder einmal feucht – und die ihrigen wohl auch."

„Nein." Das ist ein sinnloser Einspruch gegen den Tod. Ein hilfloser. Ein berührender. Sie konnte und wollte ihn nicht gehen lassen. Denn Erich Kästner hat ihr in vielem aus dem Herzen gesprochen. Seine Gedichte waren so vollkommen Ausdruck der Lebensstimmung vor dem Krieg. Danach gab es auch ein Leben. Aber es war nicht mehr das alte. Es war nicht mehr ihr Leben. Sie ist verstummt als Künstlerin. Ganz anders ihr Mann, der sich den Kummer von der Seele schrieb und der den Ruhm für bare Münze nahm, bis er zum Schluss erkennen musste, dass er für seine Begeisterung durchaus nicht von allen so sehr geliebt wurde, wie er es sich erhofft hatte.

Warum hat sich Erich Kästner um den Verstand getrunken? Teofila Reich-Ranicki gibt eine Antwort. Ob sie tatsächlich für

Erich Kästner gilt, weiß ich nicht. Aber sie könnte als eine mögliche Antwort taugen. Er vertraute seinem Kopf nicht mehr. Der Verstand half ihm nicht, zu begreifen, was geschehen war. Teofila und er teilten den gleichen Schmerz. Das Geschehene ist nicht zu begreifen. Es lässt sich darüber reden, weinen, fluchen, schweigen. Aber es ist nicht zu begreifen. „Meine Mutter ist nie darüber hinweggekommen, hat es bis zu ihrem Ende nicht verarbeitet. In ihren letzten Wochen habe ich sie mehrmals gefragt: ‚Tut dir etwas weh?' ‚Nur die Seele', hat sie gesagt." Vielleicht war es dieser Seelenschmerz, der auch Erich Kästner in seinen letzten Lebensjahren hat verstummen lassen.

Die Geschichte des Leids ist eine jüdische Geschichte. Die des Lachens auch. Das erste Lachen, und das lauteste, war das Lachen des Teufels, als Adam und Eva ihn ins Leben riefen. Ohne ihre Neigung zur Sünde wäre für ihn kein Platz auf der Welt gewesen und das Paradies ein Ort, von dem nie jemand erfahren hätte. Denn die Geschichte beginnt mit einem Fehltritt, sonst wäre nie etwas zu berichten gewesen. Wer zählt eine unendliche Folge glücklicher Tage? Niemand. Erst das Unglück der einen weckt die Neugier der anderen. Das Paradies selbst ist ein Ort ohne Geschichte, ohne Fauxpas, ohne Gelächter. Das erste Lachen, ein sehr mildes, war der Heiterkeit des Allmächtigen geschuldet, wie sie in Goethes *Prolog im Himmel* durchklingt. Denn trotz aller mitgegebenen Mängel ist der Mensch auf dem rechten Weg, himmlischem Glauben zufolge, und des Teufels Treiben von daher letztlich hoffnungslos. Ein Irrtum, wie sich herausstellen sollte, was den lieben Gott zunehmend in Erklärungsnot seiner selbst brachte. So blieb das Lachen über die Torheit des Menschen stets ein sehr lautes, und das über die eigenen Fehler ein eher leises, denn Schadenfreude ist immer billiger zu haben als Selbsterkenntnis. Schon Kinder machen sich gern über andere lustig, und dieses Lachen ist oft grausam, weil alles, was beunruhigend anders ist, ohne bedrohlich zu sein, zum Lachen reizt. Abwehrzauber. Wir verlachen den Teufel, wir verlachen unsere Angst, wir verlachen das Fremde. Die Scherze des Mittelalters sind grob, aber nicht gröber als die zur römischen Zeit. Selbst in der Steinzeit wird es Schadenfreude gegeben haben. Witzbolde, Spaßvögel, Hofnarren existieren von alters her, Dorftrottel, komische Alte, Stutzer, die willentlich oder unwillentlich zum Lachen reizen. Mancher Künstler, mancher Schriftsteller macht einen Beruf daraus. Es wurde eine Kunst, Menschen zum Lachen zu bringen. Der Hanswurst allein genügte nicht mehr, er wurde von der Bühne vertrieben, die einfachen Späße, handgreiflich inszeniert, verboten sich im Zeitalter der Vernunft. Voltaire brillierte mit Witz, auch wenn er seinem Candide die schlimmsten Prügelstrafen auferlegte, um ihn für den Optimismus derer büßen zu lassen, die von der Welt behaupteten, sie sei die beste aller möglichen. Das ist sie nicht. Das reizt zum Gelächter. Aber aus dem Lachen über das Ungenügen aller erwuchs die Einsicht, dass wir uns ähnlicher sind als trennender Wahnwitz, sei er religiös, politisch oder völkisch, uns glauben machen will. Lessings Lachen war kein herablassendes, kein verletzendes, es sollte Licht bringen in die Dunkelkammer unserer Seele, wo so viel Unverstand lauert. „Was haben Sie denn gegen das Lachen?“, lässt Lessing Minna von Barnhelm fragen. „Kann man nicht auch lachend sehr ernsthaft sein? … Das Lachen erhält uns vernünftiger als der Verdruß.“

Aber Lessing konnte sich nicht durchsetzen gegen die Systemdenker, die großen Philosophen, die hinter jedem noch so harmlosen Scherz eine Pflichtverletzung ihres Ehrenkodexes sahen, der zur denkerischen Erhabenheit und folglich zur Humorlosigkeit verpflichtet. Ebenso wie der Dichter, der zum Dichten allein taugt, die Anrufung der Musen als etwas Heiliges sieht, obwohl es dem Wahnsinn doch stets viel näher ist als dem vernünftigen Tun. Warum sich einen Reim auf das machen, was nicht zu reimen ist? Einer wie Jean Paul war das alles in einer Person: Dichter und Hanswurst, Denker und Hofnarr seines eigenen kleinen Landguts der Poesie. Aber seine *Vorschule der Ästhetik* haben nur wenige besucht, und so tat sich in der Folge eine tiefe Kluft auf, zwischen den Dichtern und Denkern des großen Ernsthaften und den Gauklern und Spaßvögeln, denen stets Flatterhaftigkeit unterstellt wurde, weil keine Wahrheit ihnen eine ewige zu sein scheint.

Es gibt nichts zu lachen in der Philosophie. Was ein großer Irrtum ist. Betriebsblindheit. Die Philosophen selbst sind zum Lachen. Es ist das Lachen der thrakischen Magd, die den großen Philosophen Thales stolpern sieht, in einen Brunnen fallen gar, weil er bei der Betrachtung des Himmels nicht auf seinen Weg achtete. Die Philosophen und ihre Lobredner, die Pathetiker und Ideologen der reinen Lehre haben in der Folge immer wieder die Magd verteufelt, weil sie sich über den reinen Geist lustig gemacht habe. Aber das war nicht der Grund ihres Lachens.

Die Magd hatte erkannt, noch vor allen Denkern ihrer Zeit, dass eine Philosophie wenig taugt, wenn sie nicht lehrt, beides in den Blick zu nehmen: Himmel und Hölle, Sterne und Steine, die einem das Schicksal in den Weg legen kann. Denn der Weg zum Wissen ist kein sehr gerader. Wir bleiben dumm, wenn wir nicht begreifen, dass wir aus krummem Holz geschnitzt sind. Daraus „kann nichts ganz Gerades gezimmert werden", mahnte Kant, woraus zu folgern ist, dass kein Versprechen auf ewiges Glück, auf Heil oder Erlösung im Jenseits wie im Diesseits je einzulösen ist. Dafür taugt der Mensch nicht. Er ist ein Mängelwesen.

Das bietet auf ewig Komödienstoff. Denn es ist zum Lachen. Aber dieses Lachen ist selbst nicht frei von Schlechtigkeit, Bösartigkeit, Hass. Lachen ist ein Mittel der Demütigung. Tyrannen lieben Karikaturen – ihrer Gegner. Satiriker erschaffen unentwegt Karikaturen, weil sie sich gern über andere lustig machen. Für einen guten Zweck vorgeblich. Aber der heiligt viele unheilige Mittel.

Satiriker sind nicht unbedingt die besseren Menschen. Sie sind nur ungeduldiger, nicht mit sich, mit anderen. Übergriffig sind sie. Herzlos. Das Lachen der Satiriker über den Unverstand des Menschen ist ein sehr lehrhaftes, weil es immer den Anspruch auf Läuterung mit einschließt. Der Satiriker ist immer pädagogisch, er glaubt sich immer auf der Seite der Guten, was ihn als notorischen Besserwisser erscheinen lässt. Priesterlich vom Gehabe her, weil er immerzu predigt, aber ohne Trost, denn was hat er schon anzubieten? Der Satiriker steht stets mit leeren Händen da. Dennoch glaubt er sich denen, die nur Versprechungen machen, überlegen. Aber ein Versprechen, mag es noch so leer sein, ist immer noch tröstender als der Spott darüber. Für Spötter ist das schwer zu begreifen. Ihnen ist ihr Tun schon Sinn genug. Das ist die Hybris der Satiriker, die ihnen in der Weimarer Zeit zum Verhängnis wurde. Sie glaubten sich allen überlegen. Als Scharfrichter sahen sie sich. Der König war gestürzt, es lebe der Hofnarr. Aber alles, was die Satiriker auf ihrer kleinen Weltbühne in den Zwanzigerjahren inszenierten, war nur Belustigung im kleinen Kreis. Man machte sich lustig über den Pöbel. Wie früher die Aristokraten sich über das einfache Volk amüsierten, so scherzten Kästner und Tucholsky, Holländer und Mehring über die Missgestalten des völkischen Wahnsinns, und sie konnten sich des Lachens der Klügsten immer sicher sein. Aber wer sich seiner Klugheit zu sicher ist, so die Lehre der thrakischen Magd, kommt schnell ins Stolpern.

„Am 30. Januar“, triumphierte Adolf Hitler im Sommer 1933, „sind in Deutschland die Würfel gefallen. Und ich glaube nicht, dass die Gegner, die damals noch gelacht haben, heute auch noch lachen.“ Sich über andere lustig zu machen, ist kein ungefährliches Tun. Sich über vermeintlich Dümmere lustig zu machen, ist ein sehr dummes Tun. Denn es schürt im Unterlegenen die Rachsucht. Kein Mensch lässt sich auf ewig demütigen. Niemand will immer nur Gegenstand der Belehrung, des Besserwissens, der Herablassung sein. Der vermeintliche Pöbel, das war schon die Lehre der Französischen Revolution, wütet fürchterlich, wenn seiner Wut freier Lauf gelassen wird. Diese Wut geht einher mit schrecklichem Triumphgeheul. Denn: Wer zuletzt lacht, lacht am lautesten. Das Lachen der Nazis war ein sehr lautes, sehr dröhnendes Lachen, und es war bald überall zu hören in Europa.

Sie haben nicht mit sich spaßen lassen. Zur Verwunderung der alten Eliten, die viel zu lange geglaubt hatten, Herren der Lage zu sein. Zum Leidwesen ihrer Opfer. Zur klammheimlichen Freude mancher, die zwar den Parteipöbel verabscheuten, aber den Triumph des deutschen Ordnungssinns bei der Olympiade 1936 feierten, die Choreografie der Macht, Ausdruck eines völkischen Gemeinsinns, der in der Demokratie nie zum Tragen gekommen war. Der Blitzkrieg, die Stoßkraft der deutschen Panzertruppen, das militärische Genie des kleinen Mannes, denn Hitler war ja einer von ihnen. Ein Gefreiter nur. Aber er wusste, wie Frankreich zu besiegen war. Er hatte es allen gezeigt. Den Generälen blieb nur noch das Eingeständnis ihrer strategischen Kurzsichtigkeit. Ihm hingegen gewährten die Zeitgenossen den Ruhm, mit Napoleon in einem Atemzug genannt zu werden. Was Warnung vor dem Marsch nach Moskau genug hätte sein müssen.

Aber nicht nur fanatische Nationalsozialisten, auch viele parteifremde Patrioten werden schadenfroh geschmunzelt haben, als die Franzosen ihre Niederlage in eben jenem Eisenbahnwaggon beurkunden mussten, in dem seinerzeit die Deutschen ihre Kapitulation in so ‚unehrenhafter' Weise eingestanden hatten. „Die Schmach von Versailles", sie schien getilgt, durch einen österreichischen Infanteristen – was für eine Pointe des Schicksals. Mag sich einer wie Ernst Jünger gedacht haben, der so gern als unterkühlter Beobachter posierte und dennoch der Versuchung nicht widerstehen konnte, auf der Terrasse des Hotels Majestic die Unterwerfung von Paris literarisch zu verkosten. Wenige Jahre des Triumphes, aber sie hinterließen ihre Spuren im Denken und Fühlen der Deutschen.

Die Niederlage war erzwungen durch die Übermacht des Feindes, aber die Erinnerung an die Anfangserfolge blieb. Die Gräuel des Holocaust hatten die Nazis zu verantworten, aber der Sieg über Frankreich, die Einkesselung der englischen Armee bei Dünkirchen, die annähernd gelungene Unterwerfung der Sowjetunion, das waren „wir" gewesen, die Deutschen. Zu der von den Besatzern geforderten Reue mengte sich immer auch eine Portion Trotz. Zumal auch die Alliierten allmählich begriffen, wer der wirkliche Feind war, den es zu bekämpfen galt, notfalls mit Atomgewalt: der Bolschewismus. Es war kein großes Umdenken nötig in der Bundesrepublik. Das war eigentlich zum Lachen. Und die Kabarettisten machten ihre Späße darüber. Aber es war auch zum Weinen. Wie so viele Mitschuldige die Schuld einfach von sich wiesen. Sich ihrer entledigten durch Fleiß und Wertschöpfung und Verdrängen.

Was es heißt, wenn einem das Lachen vergeht. Viele, die nach dem Krieg auf ein anderes Deutschland gehofft hatten, verloren angesichts des Wiedererstarkens der Ewiggestrigen ihr Vertrauen in den Wandel. Es war nichts zu machen gegen die alten Eliten. Das war lachhaft zuweilen. Da war ein Land in den Abgrund gestürzt worden, und die Generalswitwen klagten auf angemessene Pensionszahlung. Globke assistierte Adenauer. Gehlen spionierte aufs Neue die Landsleute aus. Humor speist sich nicht aus dem Gefühl der Macht, sondern der Ohnmacht. Aber es gibt einen Grad der Verzweiflung, der keine Erholung in der Distanzierung mehr zulässt. Wie wollte man sich als Schriftsteller dem entziehen, dieser Aufbruchsstimmung, die ihr Heil nunmehr ausschließlich in der Mehrung des Wohlstands sah, als sei das ein alter Führerbefehl, den es jetzt in Friedenszeiten endlich rigoros auszuführen galt. Einschließlich Endsieg – bei der Fußballweltmeisterschaft 1954. Als „wir" der Welt noch einmal zeigten, was Siegeswille vermag.

Das Lachen war Erich Kästner vergangen. Vielen verging das Lachen nach dem Krieg. Anfangs wirkte es noch erheiternd, wie rasch sich überzeugte Nationalsozialisten in überzeugte Demokraten wandelten, Stoff fürs Kabarett. Aber bald schlossen die ersten Bühnen wieder, weil das Wirtschaftswunder viele reich machte, aber wenige klüger. Die alten Eliten hatten den Krieg verloren, aber nicht ihren Willen zur Macht. Die Verbrechen der Justiz, der Medizin, der Wehrmacht, der Wirtschaft und der Bürokratie, sie wurden mit Nachdruck erst untersucht, als die meisten Täter nicht mehr zu belangen waren. Vieles kam ohnehin nie zur Sprache, geschweige denn zur Anklage. Wer nach 1933 Karriere gemacht hatte, konnte sie nach 1945 meist unbehelligt fortsetzen. Die Zahl der verurteilten Naziverbrecher ist verschwindend gering im Vergleich zu der Zahl der nationalsozialistischen Karrieristen, die nach dem Krieg Schlüsselpositionen in der Verwaltung und in der Wirtschaft, in den Medien und der Politik besetzten. Das Umdenken bedeutete für viele keinen wirklichen Richtungswechsel. Es hieß nur, geschmeidiger auftreten, weniger stramm. Und auch das Lachen, es war kein anderes Lachen als das Lachen in den Jahren zuvor. Es ging den Menschen doch gut im „Dritten Reich", bevor die Bomben fielen. Das Jahrzehnt von 1933 bis 1943 bot viel, vor allem bot es viel Unterhaltung. Es wurde gern gelacht unter Hitler. Nicht nur laut und dreist. Das Lachen vor und das Lachen nach dem Krieg, es war kein wirklich anderes. Die Menschen waren auch nicht wirklich anders geworden.

In seiner *Ermittlung und Analyse der meistverkauften Romane in Deutschland 1933–1944* listet Tobias Schneider die „Bestseller im Dritten Reich". Unter den führenden zwanzig Titeln, deren Auflage allesamt über 300 000 Exemplaren liegen, sind allein vier Bücher des Unterhaltungsschriftstellers Heinrich Spoerl: *Die Feuerzangenbowle*, *Der Gasmann*, *Wenn wir alle Engel wären* und *Der Maulkorb*. Keine Propagandaliteratur. Spoerls Bücher verkauften sich auch in demokratischen Zeiten viel besser als die Titel der ernsteren Autoren. Über die *Feuerzangenbowle* wurde vor und nach dem Krieg gelacht, und es wurde ein Film daraus, der im Krieg und nach dem Krieg die Zuschauer rührselig von ihrer Pennälerzeit träumen ließ. Heinz Rühmann wurde das Gesicht dieser Heiterkeit des Herzens, die allunverbindlich jeden ins Lachen einschließt, der einmal Schüler war. Mag er später auch KZ-Aufseher geworden sein oder Lagerarzt oder Brigadeführer der SS, wie der Vater des späteren Bundespräsidenten.

Auch Ehm Welk war kein Nationalsozialist, kein Lobhudler der neuen Zeit. In der Bundesrepublik geriet sein Name ein wenig in Vergessenheit, aber in Ostdeutschland blieben die *Heiden von*

Kummerow Helden, denn ihre Lausbubenstreiche nährten den Glauben an ein Idyll selbst in diktatorischen Zeiten. Auch Ehm Welk half den Menschen in dunkler Zeit, ihr Lachen nicht zu verlieren. Sein Buch war ein Bestseller, im Krieg und nach dem Krieg. Das Idyll, das er in seinen Dorfgeschichten aufleben lässt, war eins der Sehnsucht, die ja eine Sehnsucht vieler blieb, denn: Was kann verfänglich sein an der Hoffnung auf ein kleines Glück in unglücklichen Zeiten? Der Mensch bleibt doch Mensch.

Das wusste niemand besser als Eugen Roth, der erfolgreichste deutsche Lyriker in den Siebzigerjahren. Die Menschen liebten ihn, nicht Celan. Viele kannten seine Verse auswendig. Keine Feier, auf der nicht irgendein launiger Kopf eines seiner Gedichte rezitierte oder zum eigenen Gebrauch umformuliert hätte: Ein Mensch, und das geschieht nicht oft, der wird berühmt ganz unverhofft.

Eugen Roth musste anfangs hausieren gehen mit seinen Versen, ein Dutzend Verlage hatte abgelehnt, bevor 1935 die *Ein-Mensch*-Gedichte im Druck erschienen und zum Sensationserfolg wurden. Annähernd eine halbe Million Exemplare wurden verkauft. Roth galt im nationalsozialistischen Kulturbetrieb als „politisch unzuverlässiges Subjekt“, war im Ersten Weltkrieg schwer verwundet worden und fortan Kriegsgegner. Dennoch schickten ihn die Nazis zur Truppenbetreuung an die Front, auf Lesereise: „Ein Mensch lädt Kameraden ein / mit ihm ein Stündchen froh zu sein.“ Wir lassen uns das Lachen nicht verbieten, so schon immer der Chorus derer, die unter Diktatoren zu leiden hatten, wahlweise das Singen, das Feiern, das Schunkeln – selbst in den Konzentrationslagern haben die Wachmannschaften ihren Sinn für Humor und Gemütlichkeit nicht verloren.

Fazit: Wer lacht, ist nicht zwangsläufig ein besserer Mensch. Oder gar ein heiterer. Wir lachen über andere aus Schadenfreude. Wir lachen über uns selbst aus Hilflosigkeit. Galgenhumor. Wir lachen, weil uns eigentlich zum Weinen zumute ist. Aus Trotz. Aus Wut. Aus Not. Humor ist, wenn man trotzdem lacht. Das wurde zum geflügelten Wort. Aber daraus ergibt sich kein moralischer Mehrwert. Viele lachten nach dem Krieg mit Kishon, oder über Kishon, weil sie es gewohnt waren, über Juden zu lachen. Ihnen wurde angeborener Witz attestiert, selbst von den Nazis. Goebbels schätzte Robert Neumann, den Meister der literarischen Parodie – und hätte ihn dennoch am liebsten tot gesehen. Nach dem Krieg lachten viele über Joachim Fernau, ein ungemein beliebter Bestsellerautor, der so launig die Geschichte umzuschreiben verstand. Das hatte er unter den Nazis gelernt, als Kriegsberichterstatter der Waffen-SS im Rang eines Obersturmführers.

Das bürgerliche Publikum schmunzelte für sein Leben gern. Auch in der Diktatur. Selbst als es nichts mehr zu lachen gab. Vielleicht nicht über den Führer persönlich, aber doch über Goebbels, die hinkebeinige Witzfigur eines Ariers, oder über Göring, den feisten Operettenkönig. War das schon Widerstand? Oppositionelles Schmunzeln? Flüsterwitze konnten den Kopf kosten, insbesondere wenn sie nicht vor Hitler haltmachten: „Heil Hitler!" – „Heil du ihn!" Das ging einige Jahre gerade so gut. Man konnte seine Witze machen, hinter vorgehaltener Hand. Bis die Wende von Stalingrad es angeraten sein ließ, gar nichts mehr lustig zu finden. Es sei denn, die Heiterkeit war eine von Regierungsseite verordnete. Der letzte unvollendete Film der Ufa, an dessen Drehbuch Goebbels selbst mitgearbeitet haben soll, trug den Titel: *Das Leben geht weiter.*

Es gibt das laute Lachen und das leere. Das heimliche und das offene. Das verlogene und das sentimentale. Und das servile. Eine wie Marika Rökk hatte immer gut lachen. Nicht zuletzt, weil sie sich seinerzeit dem Führer durch eine herzliche Grußbotschaft andiente: „Wenn ich Sie, mein Führer, für ein paar Augenblicke erheitern und von Ihrer verantwortungsvollen Arbeit ein wenig ablenken konnte, so bin ich darüber unendlich stolz und glücklich." Auch nach dem Krieg empfahl sie sich dem Publikum durch ihr gleichbleibend munteres Temperament. Gustaf Gründgens hatte gut lachen, selbst als alles verloren schien. Heinz Rühmann blieb der Liebling aller, Lil Dagover, Ilse Werner, welche Strafe steht auf unverfängliche Heiterkeit? *Freut euch des Lebens*, diese filmische Ufa-Parole galt unter Hitler wie unter Adenauer. Demokratie oder Diktatur, der Humor blieb sich gleich.

Das andere Lachen, das es auch gab, ging schon vor dem Krieg verloren. Es wurde verboten, denn es war ein aufsässiges Lachen, eins, das nicht mit einer Revuetänzerin daherkam, sondern mit einem Straßenmädchen. Eins, das fremd im Ohr klang, weil es frecher war als das der Männer. Im Jahr 1932 erschien der Roman *Das kunstseidene Mädchen*, Startauflage fünfzigtausend Exemplare, ein Riesenerfolg für eine Schriftstellerin, die so ganz anderes schrieb als die Autorinnen vor ihr. Humor vom Feinsten attestierten ihr berühmte Kollegen, allen voran Döblin und Tucholsky, ein wenig herablassend taten sie das, als wäre Humor eine Sonderbegabung bei Frauen. Aber *Das kunstseidene Mädchen* – Doris mit Namen, die so gern „ein Glanz" gewesen wäre in der Welt – brachte einen ganz neuen Ton in die Literatur, über den Männer weder damals noch heute verfügten. Doris ist sehr viel klüger als ihr Romankollege Fabian, und zugleich sehr viel bescheidener, denn sie hat nie niemals Selbstmitleid mit sich oder ihrem anderen Ich, das sie niemals werden wird, weil die Welt ihr ein Hindernis ist. Aber eins, über das sie lachend hinweggeht. Nicht, indem sie ihren Spott damit treibt oder sich herablässt im Ton wie ihre Kollegen, die so gerne klug tun und dumm handeln und dann larmoyant herumleiern. Nein, Doris spricht über ihr Leben in Worten, die eine ganz neue Sprache erschaffen, ihre eigene nämlich. Keine Kunstsprache, wie sie Joyce schuf, kein poetisches Rätselraten, wie bei Elke Lasker-Schüler, nein, leicht verständlich ist alles, was sie sagt, aber sie sagt es anders. So wie nur sie es sagen kann. Mit einem gewissen Glanz eben. Und einem Witz, der Männer durchleuchtet, und Frauen auch, denn da macht sie keinen Unterschied, beiden Geschlechtern fehlt etwas zum Glück, wenn sie sich nicht auf die richtige Weise aneinanderklammern, ganz und gar vorsichtig, zärtlich eben. Und wenn sie allein sich nicht in die Liebe der Männer hüllen kann, dann eben in einen Pelz. Notfalls einen geklauten, auf Zeit entwendeten. Weil: Wehtun sollen die Menschen einander auf keinen Fall. Denn was einen der kurze gemeinsame Gang mit Doris durch Berlin und ihr Leben lehrt, ist Behutsamkeit im Umgang miteinander. In jedem von uns steckt ein Glanz. Es braucht nur einen, der ihn aufpoliert. Irmgard Keuns Bücher wurden von den nationalsozialistischen Kulturpolitikern verboten. Sie selbst geriet in Vergessenheit. Nach dem Krieg mühte sie sich um einen neuen literarischen Auftritt. Aber das Lachen des „kunstseidenen Mädchens“ fand kein Gehör mehr, geschweige denn Verständnis. Nirgends. Das Land brauchte keine frechen Frauen. Selbst die Emanzipierten, die Irmgard Keun in den Siebzigerjahren wiederentdeckten, wollten nur die Frauenrechtlerin Keun. Politisch sollte sie sein. Nicht witzig. Da waren sie bei ihr allerdings an die Falsche geraten. Dafür gab sie sich nicht her. Einen literarischen Versuch unternahm sie noch, den einen großen Roman wollte auch sie schreiben, es hätte die Fortsetzung von Kästners *Fabian* werden können: *Ferdinand, der Mann mit dem freundlichen Herzen*. Aus dem Mann mit dem gebrochenen Herzen wurde der Mann mit dem freundlichen Herzen. Aber Ferdinand, der Lebensberater ohne Plan, der *Mann ohne Eigenschaften*, dem alles abhandengekommen war im Krieg, selbst der Glaube an sich selbst, er war kein Held für die neue schöne neue Welt der Bundesrepublik. Er war ein Niemand. Ein Mann „für unnormale Zeiten". So einer wurde nicht mehr gebraucht. Dergleichen wollten die Menschen nicht lesen. Sie griffen lieber zu einem Buch, das schon im „Dritten Reich" ein Bestseller gewesen war. Der Autor Horst Wolfram Geißler ist vergessen. Sein Roman *Der liebe Augustin* aber wird immer noch aufgelegt. *Die Geschichte eines leichten Lebens*, sie war ein Bestseller im Krieg und auch in Friedenszeiten. *Der liebe Augustin* verkaufte sich weitaus besser als Kästners *Fabian* oder *Das kunstseidene Mädchen*, und auch wenn er in den Siebzigerjahren aus der Mode geriet, so wurde er doch beerbt durch Loriot und Hape Kerkeling, durch den blödelnden, den vermeintlich einfältigen Humor, der aber nicht ohne Tücke ist, weil Albernheit, mag sie auch noch so harmlos daherkommen, immer etwas Aufsässiges hat.

Augustins Erfolgsgeheimnis ist seine Einfalt. Der liebe Augustin hasst den Intellekt. Seine Einfalt erhält sich nur durch die konsequente Leugnung all dessen, was sie bedrohen könnte. Er lässt die Welt nicht an sich herankommen. Nicht die böse Welt, nur die gute Welt. In der macht er sein Glück, aber nur insofern er sich zu bescheiden weiß. Der Erzählton ist sentimental, die Botschaft bei aller gesüßten Romantik unerbittlich. Wer seiner Landschaft, seiner Heimat, seiner Liebe treu bleiben will, bezahlt dafür mit dem Tod. Das höchste aller deutschen Gefühle, Genuss zu empfinden in der Opferung des Egos. Der Spieldosenmacher stirbt bei einem Kutschunglück, weil er seine Liebe retten will, die nie die seine war, weil sie weit über seinen Stand hinausreichte. Aber vor seinem Tod rettet er noch ein Kind, das – nein, nicht in den Fluss wie bei seinem späten Nachfahr Fabian, sondern in den See gefallen war. So bleibt die Bilanz des Lebens eine ausgeglichene und kein Leserauge ohne Träne.

„Oh, du lieber Augustin, / s' Geld is' hin, die Freud is' hin, / oh, du lieber Augustin, / alles is' hin!" Nur der liebe Augustin selbst nicht, denn er lebt in uns allen weiter. Bei jeder Feier schunkelt er am heftigsten, bei jedem Wettgesang grölt er am lautesten, weil er um das Weh der Welt weiß, aber sich davon nicht um seine feierabendlichen Freuden betrügen lassen will. Der liebe Augustin ist der perfekte Untertan, ohne dass er sich als solcher präsentiert. Er ist der König der Narren, der im Karneval das Zepter führt, bis er es dann am Aschermittwoch artig weiterreicht, an welchen Vorgesetzten auch immer. Er ist der liebenswerte Taugenichts, wie ihn Eichendorff einst auf Wanderschaft schickte, nur dass er irgendwann seine Abenteuer im Dienst der Waffen-SS sucht. Was infamer klingt, als es in Wirklichkeit war, denn wer stellte das Personal für die Sturmtruppen, wenn nicht die halbwüchsigen Idealisten, die im Fanatismus ihr Heil suchten. Bedingungsloser Glaube. Auf dem gründet jeder ideologische Furor. Ein lieber Augustin reichte dem anderen die Hand. Nur dank des Mittuns solcher Idealisten ohne wirkliches Ideal konnte das „Dritte Reich" so lange bestehen. Es ging mehr um das Glaubenwollen als um das Geglaubte. Der Führer würde nicht ewig leben, aber die Hoffnung auf Führung, die währt ewig. Das Paradoxe daran, die Helfershelfer des Terrors fühlten sich amnestiert aufgrund ihres Idealismus. Während der schlimmen Zeiten, und danach ohnehin. Ihr guter Glaube an die gute Sache war missbraucht worden: das Unschuldsbekenntnis aller Sektendiener, die sich irgendwann auf der Anklagebank wiederfinden. Immer plädieren sie auf unschuldig. Aber: Der Führer wäre nichts gewesen ohne sein Volk. Zu diesem Volk zählten alle, die ihm dienten. In welcher Funktion auch immer. Eugen Roth war einer der wenigen, der sich und seinen Lesern in dieser Hinsicht nichts vormachte, weil er sein Schuldbekenntnis, tituliert als *Einsicht*, in Verse bringen konnte, die wie immer bei ihm harmloser klingen, als sie es tatsächlich sind: „Kein Mensch will es gewesen sein. / Die Wahrheit ist in diesem Falle: / Mehr oder minder warn wirs alle!"

Es gab keine anderen Menschen nach dem Krieg. Es gab kein anderes Lachen. Das mag einer der Gründe sein, warum Erich Kästner das Lachen vergangen ist. Erich Kästner war kein Humorist. Er hat zwar, nach eigenem Bekunden, Jean Pauls *Vorschule der Ästhetik* besucht, aber ohne rechten Abschluss. Weder hat er bei Wilhelm Raabe gelernt, Menschen melancholisch zu modellieren, noch bei Wilhelm Busch die Poesie der Ausweglosigkeit studiert. Sein Lachen war stets ein spöttisches. Der Spott über andere fiel ihm leicht. Denn er war klug, gut aussehend, erfolgreich. Er hatte Neider, über die er sich lustig machen konnte, Gegner, die wunderbar als Gegner taugten. Die wilhelminischen Militaristen. Die Spießbürger der Weimarer Zeit. Die Dummen und die Eitlen. Die Komödienfiguren, die seit jeher den Boulevard bevölkerten.

Dann kamen die Nazis. Mit ihnen ließ sich kein Scherz mehr treiben. Er hat es versucht zuweilen und kam mit knapper Not davon. Aber begriffen hat er erst spät, was da eigentlich mit ihm geschehen war. Erich Kästner hatte Witz, den Mutterwitz der Sachsen und den Schulwitz der Aufklärung, eingeübt durch die

Lektüre Lessings. Dieser Witz verließ ihn auch in den ersten Friedensjahren nicht. Er schrieb Texte fürs Kabarett, Filmdrehbücher, Gedichte, Gebrauchstexte, er schrieb allerhand, aber nicht den Roman, der erwartet wurde. In welchem Ton hätte er ihn schreiben sollen?

Die Freunde der Berliner Zeit, sie waren tot oder anderswo, und die wenigen Literaten, mit denen er näheren Umgang hatte, konnten ihm das Miteinander von damals nicht ersetzen. Berlin war als Stadt nicht zur Gänze vernichtet worden, wohl aber die literarische Kultur, die vornehmlich eine deutsch-jüdische gewesen war. Kästner war insofern dann doch widerfahren, was er nie hatte erleben wollen: Er hatte seine Heimat verloren. Er musste emigrieren. Die Weltstadt von einst gab es nicht mehr. Viele haben dort ihre Seele zurückgelassen. Nur wenige haben darüber gesprochen. Schmerz en passant. „Erst in Berlin", erinnert sich die Wienerin Vicki Baum kurz vor ihrem Tod in Hollywood, „in diesen kurzen Zwanzigerjahren, war ich zum ersten Mal in meiner Zeit zu Hause. Ich dachte, lebte, redete und fühlte wie die meisten anderen dort; ich hatte die Kadenz ihrer Sprache im Ohr und ihre Probleme im Herzen. Ihre Erfahrungen waren meine Erfahrungen, und ihre Erinnerungen waren auch meine." Die Sprache war eine gemeinsame gewesen. Diese Sprache des freien Miteinanders freier Geister war ausgelöscht. Die „Menschen im Hotel" starben im Krieg. Das „kunstseidene Mädchen" starb im Krieg. Labude und Fabian waren schon zuvor gestorben. Berlin hatte sein Lachen verloren. Was blieb, war das Kesse für den Alltagsgebrauch: die Berliner Schnauze. Taxifahrerhumor.

In München war das anders. Alles war anders. Ein Idyll. Erich Kästner ging es gut in der Stadt. Ein kleines, schön gelegenes Haus. Einkünfte, die ihn zum wohlhabenden Mann machten. Eine

Respektsperson war er, aber Freunde, wie seinerzeit, hatte er keine mehr. Da saß er in seinem Haus mit den vielen Katzen und einer ungeliebten Lebensgefährtin und fand keinen Ausweg aus der biedermeierlichen Bonhomie. Als er kurzzeitig nach Berlin floh, zu seiner Geliebten und dem gemeinsamen Sohn, einen Pendelverkehr zwischen beiden Städten einrichtete, wurde alles nur noch schlimmer. Er, der in den berühmtesten literarischen Cafés zu Hause gewesen war, ein Flaneur einst und Stammgast in den verruchtesten Künstlerbars, residierte in Hermsdorf, einem Vorort, in einem Bürgerhaus im Grünen, wo er nie hatte enden wollen.

„Einer, mit dem man lacht, wird leicht einer, über den man lacht." Wenn da keiner mehr ist, mit dem man lachen kann. Kästner war einsam. Er hatte keine Mitstreiter mehr. Der leichte Ton von damals, die Unbefangenheit seines Witzes, des Witzes der Kollegen, war immer schon missverstanden worden. „Was kann denn das schon gewesen sein, wenn wir darüber gelacht haben!", klagte Tucholsky in seinem Porträt des Couplet-Künstlers Otto Reutter. „Feierlich mußt du sein, triefend vor Wichtigkeit, geschwollen und von tierischem Ernst. Irgend ein General-Anzeiger schrieb neulich: ‚Kästner, Mehring und Tucholsky nehmen sich selbst nicht ernst, haben also auch kein Anrecht darauf, ernst genommen zu werden.' Dieses ‚also' ist der Grund, warum es so wenig deutsche Humoristen gibt." Nach dem Krieg noch weniger als davor. Es wuchsen wenige nach. Die deutsch-jüdische Symbiose war gewaltsam beendet. Das Betuliche gewann wieder die Oberhand. Ehe sich Kästner versah, war der Ton in der deutschen Literatur wieder sehr ernst und feierlich geworden. Der neue Pomp war der alte. Die Dichter durften sich wieder wichtig nehmen, die Philosophen ohnehin. Gottfried Benn erhielt noch vor Erich Kästner den Büchner-Preis. Werner Bergengruen stimmte religiös nach alter Väter Weise, Martin Heidegger nachdenklich in altgriechischer Manier, und immer war die Sprache eine, die allen sachlichen Witz, alle Aufklärung, alle Anklage vermissen ließ.

Es wurde drum herumgeredet. Wortreich die eigene Schuld infrage gestellt oder gleich ganz geleugnet. Aus Tätern wurden Opfer, aus Opfern Geständige, die ein gutes Auskommen mit ihren Konfessionen erwirtschafteten. Ernst von Salomon, Freikorpsler, Rathenau-Attentäter, stramm deutschnational auch nach dem Krieg, verdiente gut daran, aus seiner Abscheu über die Entnazifizierung keinen Hehl, sondern einen höhnischen Roman zu machen, der zum Bestseller avancierte: *Der Fragebogen*.

Es kamen die anderen Autoren zu Wort, Böll, Andersch, Walser und Grass. Es wurden viele kluge, wenig komische Bücher geschrieben. *Die Ästhetik des Widerstands* gegen die Altvorderen war eine der permanenten Überanstrengung. Sehr deutsch. Narzisstisch noch dazu. Wortreich war die *Gruppe 47*, eloquent und sehr selbstsicher in der Inszenierung ihrer Bedeutung, die in der Gestalt Peter Handkes einen repräsentativen Ausdruck fand. Der Aufruhr als Gestus der Selbstdarstellung. Rhetorisch versiert und von einer Produktionskraft, die schon deshalb unheimlich scheint, weil sie so vollends ins Leere geht. Es wurden wieder die alten Glasperlenspiele gespielt. „Diese Pfauengrandezza der ‚deutschen Menschen'", amüsierte sich Tucholsky 1927 angesichts all der Ehrungen des konstitutionell weitgehend humorlosen Hermann Hesse, „diese bombastische Schwerfälligkeit, mit der jeder seinen kleinen Sparren in Szene setzt, aufpustet, ernst nimmt." Wenn der Deutsche allein gelassen wird mit sich und seinem Denken, wird er schwerfällig, weitschweifig, melancholisch, sentimental, trist. Er wird vieles. Nur eins wird er nicht: lustig. „Hesse hat keinen

Humor. Der ‚deutsche Mensch', der da, den ich meine: er hat keinen Humor. Hätte er ihn, er wäre so nicht."

Aber auch als dann die Studentenbewegung begann, die richtigen Fragen zu stellen, die nach der Schuld der Väter, erwuchs daraus kein neues geistiges Miteinander. Die *Außerparlamentarische Opposition* (APO) befreite das Denken nicht, sie normierte es nur neu. Es ging nicht um Dialog, es ging um Okkupation der Meinungsherrschaft. Kurt Tucholsky hätte mit Rudi Dutschke kein vernünftiges Wort wechseln können. Witz war aus keiner der Reden der Studentenführer herauszuhören. Anarchische Späße gab es, ja, meist auf Kosten der anderen. Die revolutionäre Selbstüberheblichkeit verzichtete grundsätzlich auf Ironie. Die war der großen Sache, dem heiligen Furor nicht angemessen. Humor besaß die neue Linke so wenig wie die Orthodoxen der Weimarer Zeit. Und wieder war die Folge Terror. Das war zu ahnen, schon in den Sechzigerjahren. Antworten wusste darauf niemand, außer den vorhersehbaren: Gesetzesverschärfung, Fahndungsdruck, Gesinnungsschnüffelei. Das Gespräch, es fand nicht statt. Der Meinungsstreit wurde nur inszeniert, er war kein Mittel der Wahrheitsfindung. Die glaubte jeder schon sehr sicher in seinem Portfolio.

Erich Kästner saß in den Sechzigerjahren wie immer zwischen allen Stühlen. Als Aufklärer war er nicht mehr gefragt. Seine Epigramme schienen aus einer anderen Zeit zu stammen. „Ob Sonnenschein, ob Sterngefunkel, im Tunnel bleibt es immer dunkel." Das ist witzig, insofern es dialektisch gedacht ist. Denn wozu ist ein Tunnel da, wenn nicht zum Durchfahren. Aber diese Reise ins Licht, als die sich die Aufklärung einst verstanden hatte, die traten nur noch wenige an. *Die Theorie des kommunikativen Handelns* blieb Theorie. Die Zahl der Obskuranten hingegen mehrte sich stetig, von links wie von rechts. Jede Epoche hat ihre Dunkelmänner, aber ihnen mit dem Florett gegenüberzutreten, ist sinnlos, wenn die Wahl der Waffen längst eine radikalere geworden ist.

Er war zu alt für seine Zeit. Und die Zeit blieb wieder einmal weit hinter seinen Erwartungen zurück. Was hätte er tun können? Welcher Ausweg blieb? Sein Lachen, das einst sehr kämpferisch, sehr einladend gewesen war, klang immer leerer. Er sammelte Humor aus aller Welt und ließ Anthologien daraus zusammenstellen. So lacht der Deutsche, so der Franzose. Launiges aus dem Leben seiner Katzen. Naturgedichte, versiert idyllisch, nicht ohne die Pointen, die man von ihm kannte. Aber ohne den Biss, den viele noch von ihm erhofften. Er war müde. Der Witz erschöpfte sich in der Klage über den Irrsinn der Zeit, die sich findiger zeigte denn je, die Menschheit der Selbstauslöschung näherzubringen. Aber um gegen den Atomkrieg und die Aufrüstung zu protestieren, brauchte es keinen Erich Kästner. So wichtig sein politisches Tun für ihn selbst, für seine Mitstreiter war, so unerheblich blieb es für sein Werk. Er kam im Denken nicht mehr voran. Da war es kein Trost, dass es anderen ähnlich erging. Freunden wie Gegnern. Irmgard Keun verstummte. Döblin wurde nicht gelesen. Wolfgang Koeppen verweigerte sich der Fortsetzung eines Schreibens, das er als nicht mehr wichtig für die Zeit erachtete. Oder nicht mehr als wichtig für sich. So verschwand er in seinem Werk. „Ich wurde mir selbst zur Romanfigur."

Kästner erging es ähnlich. Es gibt eine Geschichte, die von diesem Verschwinden erzählt: *Der kleine Mann*. Ein Kinderbuch, das nicht wirklich ein Kinderbuch ist, weil es an einen anderen kleinen Mann erinnert, der auch einmal ein großer Mann war: Gulliver. Gullivers Reisen, die er im Auftrag des Spötters Jonathan Swift unternahm, umspannen eine ganze Welt, in der man ein

Riese sein kann und ein Winzling, je nach Perspektive. Das ist zum Lachen. Der Satiriker nimmt die Welt aus wechselnden Blickwinkeln wahr. Weil sich so der Blick auf die Welt ständig verändert, weil sich die Welt erst so in ihrer Vielgestalt zeigt. Das Unscheinbarste kann gewaltige Dimensionen annehmen und das Pompöse sehr tönern erscheinen. Die doppelte Optik unterbindet die Formulierung einfacher Wahrheiten. Aber anders als Gulliver bleibt der „kleine Mann" für immer klein. Emil Tischbein hat seinerzeit seine Pfiffigkeit zu Markte getragen. Max Pichelsteiner seine Winzigkeit. Er hat seinen Spaß daran und sein Auskommen, und es wird ihm nicht zur Plage, aber ändern wird sich nichts mehr in seinem Leben. Er bleibt ein kleiner Mann. Auch wenn ihm Erich Kästner noch eine „kleine Miss" an die Seite stellte. Beide sind Kopfgeburten, alles, was sie tun und erleben, ist ausgedacht. *Der kleine Mann* wurde kein Erfolg wie seinerzeit *Emil und die Detektive* oder *Das doppelte Lottchen*. Das Buch lädt nicht zum Träumen ein. Es macht nicht mutiger. Denn es erzählt die Geschichte einer Verzwergung. Emil hingegen ist dank seiner Freunde über sich hinausgewachsen. Er hat der Welt gezeigt, was in ihm steckt.

Alle guten Bücher Kästners, nicht nur die Kinderbücher, besitzen eine „Märchenwahrheit", erkannte James Krüss, der Autor von *Timm Thaler oder Das verkaufte Lachen*. Diese „Märchenwahrheit" ging Erich Kästner im Alter verloren. Max Pichelsteiner ist nicht mehr von dieser Welt. Er ist nur noch eine Marionette im Gedankentheater seines Autors. Seine Geschichte macht nicht mehr recht glücklich. Vielleicht weil Erich Kästner selbst nicht mehr glücklich war. Vielleicht weil die Zeit nach anderen „Märchenwahrheiten" verlangte. Den Menschen ging es gut. Sie brauchten keine Wunder, außer dem einen, dem Wirtschaftswunder. Sie lachten über Heinz Rühmann, sie lachten über Heinz Erhardt. Sie lachten über Eugen Roth, über Kishon, über Loriot. Sie lachten, als ob nie etwas gewesen wäre. Als ob sie nicht begriffen hätten, was alles verloren gegangen war. Nicht zuletzt das Vertrauen in die Mitmenschen. Wenn sich hinter jedem Hausarzt ein Josef Mengele verbergen konnte, hinter jedem Passbeamten ein Adolf Eichmann, hinter jedem Bauern ein Heinrich Himmler. Da lebt es sich anders.

„Ihnen wird das Lachen auch noch vergehn", hatte Joseph Roth seinem Freund Hermann Kesten im März 1933 gedroht, im *Café Le Deux Magots*, als das Exil sich noch frühlingshaft zeigte. Sechs Jahre später war Joseph Roth tot und Hermann Kesten als feindlicher Ausländer in Frankreich interniert. Kesten überlebte und entkam nach Amerika. Aber das Lachen von damals hat er nicht wiedergefunden. Auch Kästner nicht. Obwohl sie sich gut zuredeten nach dem Krieg. Als sei nichts wirklich verloren gegangen. „Wie schön", schreibt Erich Kästner im November 1947 an Hermann Kesten, „daß Sie nicht ‚milde' geworden sind wie andere, von denen's man nicht erwartet hätte. Ja, es sind einigen Kollegen die Zähne ausgefallen!" Eine Diagnose, die zur Autopsie wurde. Es gab sie nicht, die vergnügte Melancholie, die Hermann Kesten bei seinem Freund im Alter wahrnehmen wollte. Es gab sie nicht, die Heiterkeit, den Humor trotz alledem, es gab ihn nicht, den rebellischen Witz. Misogynie triumphierte, Misanthropie. „Diese Menschheit ist nichts weiter als eine Hautkrankheit des Erdenballs." Was früher nur gelegentlich anklang, der Menschenhass, zermürbte nicht den Gegner, sondern das eigene Ego. *Das ohnmächtige Zwiegespräch* mit sich selbst, 1932 begonnen, endete im Schweigen. „Er schlug den Feind mit Worten nieder, und keinen gab's, den er nicht zwang." Was er Lessing andichtete und sich selbst gern zugetraut hätte, es war längst als Illusion erkannt und als Traum eines Traums in die Ferne entschwunden.

Es gab Altherrenhumor, es gab das Gefühl, sich selbst peinlich zu werden, und es gab den Verdacht, dass sich nichts wirklich je ändern würde. Kein Lachen, sei es leise oder laut, vermochte die Gefahr neuer Scheiterhaufen zu bannen. Die Menschen wollen glauben, nicht denken. „Anfang Oktober", berichtet Kästner konsterniert in seinem Artikel *Lesestoff, Zündstoff, Brennstoff* Ende 1965, „hat in Düsseldorf eine Jugendgruppe des ‚Bundes Entschiedener Christen', wohlversehen mit Gitarrenbegleitung, einem evangelischen Pressefotografen und zwei etwa dreißigjährigen Diakonissinnen, am Ufer des Rheins Bücher verbrannt. Unter Absingung frommer Lieder. Mit Genehmigung des Amtes für öffentliche Ordnung. Und wie dergleichen zu geschehen pflegt: spontan."

Es brannten Groschenromane, Sex-Magazine und *Bravo*-Hefte. Es brannten Bücher von Camus, der Sagan, von Grass, Nabokov und Kästner. Nicht Goebbels, sondern Paulus habe sie inspiriert, behaupteten die Brandstifter und zitierten die Apostelgeschichte, in der geschrieben steht: „Und nicht wenige, die Zauberei getrieben hatten, brachten ihre Zauberbücher herbei und verbrannten sie vor aller Augen." Die Moral von der Geschichte: Der Fackellauf des Fanatismus würde niemals enden. Da musste einem das Lachen im Halse stecken bleiben.

IV. DER GANG VOR DIE HUNDE

„Das Spiel ist ganz und gar verloren.
Und dennoch wird es weitergehn."
Herbst auf der ganzen Linie

Der Auftrag war klar: „… das ist überhaupt das Wichtigste, was du als Schriftsteller jetzt machen kannst, du *mußt* dieses Buch über die 12 Jahre Hitlerdeutschland schreiben. Das kann außer dir niemand, du mußt es machen, versprich mir, daß du das machen wirst. Er sagt: ich verspreche dirs, ich habe nichts anderes im Kopf augenblicklich." So berichtet es Peter de Mendelssohn, der Kästner unmittelbar nach Kriegsende in der Redaktion der *Neuen Zeitung* unterbrachte. Sie waren Freunde und sie blieben Freunde, auch wenn Erich Kästner das Buch nie geschrieben hat.

Der Schauspieler Ullrich Haupt, Gründgens-Schüler und wie sein Lehrer auch gelistet als „Gottbegnadeter", sollte die Hauptrolle spielen in dem Film, der nie gedreht wurde: *Das verlorene Gesicht*. Er hatte also Umgang mit Kästner in jenen Tiroler Tagen, als sie so glücklich den Zusammenbruch des „Dritten Reiches" überstanden. Auch er hat, wie so viele, Kästner gefragt, warum er denn überhaupt in Nazi-Deutschland geblieben sei, seinerzeit, ein weltweit so erfolgreicher Autor wie er. Kästner habe geantwortet: „… um nach dem Krieg den Bericht über diese Zeit, den Tatsachenbericht über diese Zeit zu schreiben", die Antwort also, die er allen gegeben hat. Ullrich Haupt zog unmittelbar nach dem Krieg in die Vereinigten Staaten, kehrte Anfang der Fünfzigerjahre zurück und traf, so ist es in der Biografie von Sven Hanuschek nachzulesen, zufällig Erich Kästner auf der Straße: „ein wohlsituierter Herr, tadellos angezogen, mit einem schlichten Homburg und so weiter – es war ihm offensichtlich sehr peinlich, als er mich sah …" Anscheinend ahnte Kästner, was Ullrich Haupt im Sinn hatte, denn es war keine Wiedersehensfreude, die den Schauspieler so fordernd auftreten ließ. Den „Augenzeugenbericht, den möcht' ich gerne haben", das „Buch dieser Zeit", über das sie so oft gesprochen hatten. Kästner wich zurück. „Das war ihm ganz schrecklich, und da sagte er: ‚Das ist leider nicht geschrieben worden, und es tut mir furchtbar leid, und ich muß jetzt gehen', und weg war er."

Warum hat Erich Kästner das Buch nicht geschrieben? Alle erwarteten es von ihm. Dringlich. Er selbst erwartete es von sich. Schreiben fiel ihm doch so leicht. Ihm flog alles zu in jenen wunderbaren Berliner Jahren. Ein literarisches Glückskind, dem das Talent selbstverständlich schien. Er musste nicht darum kämpfen. Er musste die Musen nicht anbetteln, sie küssten ihn wieder und wieder. *Herz auf Taille*, *Lärm im Spiegel*, *Ein Mann gibt Auskunft*. Drei Gedichtbände in drei Jahren. Neidisch konnten Kollegen werden, wie flott in der „kleinen Versfabrik" gearbeitet wurde. Mit Erfolg noch dazu. Denn für die Schublade hat Erich Kästner nie geschrieben. Er wollte Publikum. Er wusste, wie er sein Publikum gewinnen konnte. Seine lyrische Mixtur war auf Genießbarkeit abgestimmt. Das hinterließ bei manchen einen schalen Geschmack. Auch bei Freunden. „Aus der Gesamterscheinung dieses Mannes kann ich nicht ganz klug werden", gestand Kurt Tucholsky.

„Die Verse sind wunderbar gearbeitet, mit der Hand genäht, kein Zweifel – aber irgend etwas ist da nicht in Ordnung. Es geht mir manchmal zu glatt, das sollte man einem deutschen Schriftsteller nicht sagen, dieses Formtalent ist so selten! – also sagen wir lieber: die Rechnung geht zu gut auf …"

Was, wenn die Rechnung nicht mehr aufgeht? Weil der Kontrakt mit dem Publikum hinfällig geworden ist: „Wer sich in den Menschen verrechnet hat, spürt gelegentlich Lust, ihnen die Differenz heimzuzahlen." Aber enttäuschte Liebe ist ein Gefühl, das sich nur schwer in Reimen ausdrücken lässt. Was also, wenn einem nichts mehr zufliegt? Wenn die Musen schmollen. Ihren Bannfluch aussprechen: *Küssen kann man nicht alleine.* Wie findet sich die Leichtigkeit wieder, die verloren ging, weil die Zweifel am eigenen Tun immer schwerer lasten? Wie schreiben sich Gelegenheitsgedichte, wenn die Gelegenheiten ausbleiben? „Was tut der Wind, wenn er nicht weht?" Was fehlt dem Dichter, wenn er schweigt?

Erich Kästner entkam dem Schaffensdruck durch Geschäftigkeit. Er tat alles, was von ihm erwartet wurde, und noch viel mehr – nur eins nicht, aber das hatte Zeit, nach seinem Dafürhalten. Der Roman hatte Zeit, so etwas schrieb sich nicht über Nacht, das verstand sich von selbst. Zumal die Forderungen des Tages so drängend waren. „Warum", sinniert Kästner in *Der tägliche Kram*, „rackere ich mich ab, statt die feingliedrigen Händchen auf dem Rücken verschlungen, ‚im Walde so für mich hin' zu gehen? Weil es nötig ist, daß jemand den täglichen Kram erledigt, und weil es zu wenig Leute gibt, die es wollen und können. Davon, daß jetzt die Dichter dicke Kriegsromane schreiben, haben wir nichts. … Wer jetzt an seine Gesammelten Werke denkt statt ans tägliche Pensum, soll es mit seinem Gewissen ausmachen."

Wer da im Walde so für sich hin geht, ist Johann Wolfgang von Goethe, und der Vergleich, den der Leser im Stillen ziehen muss, ist unpassend. Denn das wenig anspruchsvoll daherkommende Gedicht *Gefunden* wiegt etliches an bedrucktem Papier auf. „Ich ging im Walde / So für mich hin, / Und nichts zu suchen, / Das war mein Sinn“ – die Verse wurden memoriert und gesungen, sie blieben im Gedächtnis vieler, weil sie schlicht sind und ein wahres Gefühl ausdrücken, ohne dass die Paradoxie in den Versen als Vernünftelei erscheint: „… und nichts zu suchen, das war mein Sinn.“ Erich Kästner wusste, dass ihm ein solches Volkslied nie gelungen war, nie gelingen würde, auch wenn er als Lyriker immer wieder auf Goethes Spuren wandelte: *Kennst Du das Land, wo die Kanonen blühn?*

Es ist nicht die Zeit, den großen Roman zu schreiben, „dicke Kriegsromane“, wie Kästner es herablassend nennt, es ist nicht die Zeit, nachzudenken über das, was geschehen war. Jetzt gilt es anzupacken. Die Parole aller war auch seine Parole. Die Schweigepflicht aller war auch sein Gelübde. Was geschehen war, sollte jeder mit seinem Gewissen ausmachen. Es ging um die Zukunft. Den Wiederaufbau. Die zukünftigen Generationen. Es wurde so viel geschrieben – und so wenig erklärt. Viele erbauliche Sprüche, aber wenig klare Worte, vor allem, was die Schuld der Deutschen anging. Die Schuld derer, die geblieben waren.

Erich Kästners Nachkriegsjahre waren seine erfolgreichste Zeit, wollte man Erfolg an Ämtern messen, an Einfluss, an Ehrungen, Preisen, Tantiemen, Leserzahlen. Er schrieb über alles für alle. Für die Zeitung, fürs Kabarett, für den Film, für das Theater. Er war ein gesuchter Redner, wurde zum P. E. N.-Präsidenten gewählt, galt als *der* deutsche Moralist, im In- und Ausland. Er protestierte gegen die Wiederbewaffnung, gegen die atomare Aufrüstung, gegen Adenauers Willen zur Westbindung, gegen das Erstarken der NPD. Alles war richtig, was er tat, war in seinem Sinn und im Sinn derer, die richtig fanden, was er tat. Er überraschte nicht. Er überzeugte. Er brillierte nicht. Er tat seine Arbeit, so wollte er gesehen sein. So sahen ihn viele. Was in all seinen Reden nachzulesen ist – er war kein guter Redner. Ein redlicher, kein mitreißender Rhetoriker. Das, was er tat, hätte auch ein anderer tun können. Der Einwand, dass sich niemand fand, die publizistische Kärrnerarbeit zu tun – war nur für ihn selbst glaubhaft. Andere Schriftsteller taten, was sie konnten. Thomas Mann hatte mit *Doktor Faustus* einen ersten Deutungsversuch der deutschen Unterwürfigkeit gegeben, der aber sphärisch verklang. Irmgard Keun schrieb die Fortsetzung zu *Fabian*: *Ferdinand, der Mann mit dem freundlichen Herzen*, doch dergleichen mutlosen Helden wollte das Publikum nicht begegnen. Auch Döblins *Hamlet oder Die lange Nacht nimmt ein Ende* wurde nicht gelesen, an skrupulösen Zweiflern war kein Bedarf. Es war Zuckmayer, der wieder einmal ein Gespür für die Sehnsüchte des Publikums hatte. Sein Stück *Des Teufels General* brachte das auf die Bühne, was viele sich wünschten: einen richtigen Mann. Einen Offizier. General Harras. Ein Draufgänger, ein Fliegerheld, ein Teufelskerl eben, der dafür zahlen musste, zur falschen Zeit im falschen Land seinen Dienst zu tun. Aber wie er das tat! Wie er sich mit seinem Jagdbomber in den Tod stürzte, den richtigen Spruch auf den Lippen, den Willen der Nibelungen im Leib, ein anständiger Deutscher eben! Einer von den vielen Guten. Männer, die eigentlich Helden waren, die sich hatten verführen lassen, dem großen Ganzen zuliebe. Die nur ihre Pflicht getan hatten, nicht selten wider besseres Wissen. Das war schlimm. Aber so einer wie Harras, den vergaß man nicht. Über den anderen, den Widerstandskämpfer, den Namenlosen ohne wirkliches Gesicht, da stritt das Publikum, ob es recht war oder nicht, die Kameraden durch Sabotage zu verraten. Da waren sie geteilter Meinung. Aber über Harras war man sich einig: Teufelskerl. Zumal Curd Jürgens ihn spielte, als wäre er schon immer Soldat und Flieger gewesen. Der gute Deutsche war zurück, zumindest im Kino.

Carl Zuckmayer hingegen blieb Emigrant und übersiedelte in die Schweiz. So respektiert er war als Autor, so erfolgreich, die deutsche Staatsbürgerschaft, die ihm 1939 aberkannt worden war, wurde ihm behördlicherseits nicht wieder angeboten. Er zog sich zurück aus dem literarischen Tagesgeschäft, verweigerte politische Stellungnahmen, sah „Isolation als einzige Möglichkeit der Selbstbewahrung", wie er in einem Filmporträt zu Protokoll gab. Die literarische „Selbstbewahrung" gelang ihm mit seiner Autobiografie *Als wär's ein Stück von mir. Horen der Freundschaft*, ein Buch, das großen Erfolg hatte, nicht zuletzt wohl, weil es so versöhnlich in der Tonart war. Gewiss, die „Mörder sind noch unter uns", gestand er zu, aber er selbst sah keinen Grund zum Hass. Seiner jüdischen Mutter war dank eines mitleidigen Nazis die Deportation erspart geblieben. Die seelische Selbstbewahrung suchte Zuckmayer im Alter allerdings nicht mehr in der Literatur, sondern in der Religion. Er konvertierte gedanklich zum Katholizismus, ähnlich wie Ernst Jünger, dessen Übertritt allerdings erst nach seinem Tod bekannt gemacht wurde.

Erich Kästner hat von Zuckmayer als Dramatiker nie viel gehalten. Aber der Erfolg von *Der fröhliche Weinberg*, von *Der Hauptmann von Köpenick* und schließlich der Triumph von *Des Teufels General* waren so offensichtliche Beweise theatralischen Geschicks, dass der eigene Versuch eines moralischen Lehrstücks alten Zuschnitts, *Die Schule der Diktatoren*, von vornherein zum Scheitern verurteilt war. Zuckmayer bot beste Unterhaltung, Kästner konfektionierte Pädagogik. Im Theater wie in der Publizistik wie in seinen Kinderbüchern. Unbestreitbar: Er tat viel – aber nicht das, was seine Freunde von ihm erwarteten. Er wühlte nicht auf. Er schrieb nicht das Buch, das hätte erklären können und sollen, warum alles so gekommen war, wie es gekommen war. Er sprang nicht über seinen Schatten.

Schaffensdruck. Wenn die Unlust an der Arbeit sich breitmacht. Versagensangst. Wozu das alles?, scheint eine Sinnfrage, ist aber als Frage zerstörerischer als alle anderen Fragen. Denn die Frage beantwortet sich eigentlich von selbst. Insofern ist sie sinnlos. Es gibt nichts Gutes, es sei denn, man stellt es durch sein Tun unter Beweis. Wenn ich mir aber nicht mehr genüge in dem, was ich tue? Wenn ich mir selbst zum Ärgernis werde? Sollte ich es dann bleiben lassen, das Schreiben, oder es noch viel angestrengter versuchen, mich unter Beweis zu stellen, im Schreiben? Das Bleibenlassen ist schwer. Die Leere, die es schafft, unerträglich. Die Leere sinnvoll zu füllen, wäre Erlösung, scheint aber unmöglich. Denn da ist nichts mehr, woraus ich schöpfen könnte. Die große Erschöpfung macht sich breit. Der Körper wird zum Erfüllungsgehilfen einer tief empfundenen Trostlosigkeit. Ein Ausweg zeigt sich nirgends, nicht im Denken, nicht im Fühlen. Selbstbesinnung kränkt das Ego. Was bleibt: Selbstentgrenzung. Die Flucht in die Kindheit. Der Griff zur Flasche.

Goethe trank, Grabbe soff, Gerhart Hauptmann tat es ihm nach. Carl Zuckmayer trank, Erich Maria Remarque trank, Irmgard Keun trank, Wolfgang Koeppen, Max Frisch, Friedrich Dürrenmatt, Ingeborg Bachmann, Arno Schmidt, Erich Kästner. Es ist eine Berufskrankheit, über deren Schäden mehr bekannt ist als über ihren Nutzen.

„Was amerikanische Träger des Nobelpreises für Literatur angeht", bilanziert Donald W. Goodwin in seiner Studie *Alkohol & Autor*, „so beträgt deren Alkoholikeranteil über 70 Prozent." Sinclair Lewis, selbst Nobelpreisträger und starker Trinker, kleidet das letale Dilemma in Frageform, da es ihm nicht weniger rätselhaft scheint als dem Psychologen: „Können Sie mir fünf amerikanische Autoren seit Poe nennen, die nicht an der Trunksucht gestorben sind?"

Die Gründe? Auch Goodwin kann darauf in seiner Sammlung biografischer Essays keine verbindliche Antwort geben. Es scheint: Der Hang zur Selbstzerstörung kommt stets einher mit dem Willen zur Selbsterhöhung.

Trinken befeuert, aber nur für kurze Zeit. Trinken tröstet, aber nur, indem es in Dumpfheit versenkt. Trinken geleitet zur absoluten Selbstsicherheit, die sich in der Ernüchterung ins Gegenteil verkehrt. Der Geist wendet sich gegen sich selbst, nicht analytisch, nicht mahnend, sondern strafend: Du bist es wert – dich selbst zu vergessen. Selbstversenkung, untertauchen. Phönix aus der Asche.

Schaffenslust. Es ist eine unbegriffene Freude. Kein Künstler weiß, was sich tut, wenn er tut, was er glaubt, tun zu müssen. Die meisten sagen, dass sie gar nicht wissen, wie ihnen geschieht. Man kann seine Vorkehrungen treffen. Faule Äpfel in die Schublade legen, wie Schiller es tat, oder sich einen Drink mixen, wie Patricia Highsmith.

Das Numinose lässt sich nicht zwingen. Diese Kraft, die im Inneren zu schlummern scheint, aber sich von selbst nicht so leicht erwecken lässt. Kein Begriff passt dafür wirklich, weil wir nichts begreifen. Wir wissen nicht, wie Kunst entsteht. Inspiration ist nur ein anderes Wort für Ahnungslosigkeit. Ich kann sie mir erarbeiten, die Eingebung, durch Fleiß und Ausdauer, und den Willen, wortreich zu bleiben. Aber nicht selten merkt man das Erzwungene dem Geschriebenen an. *Nulla dies sine linea* – kein Tag darf vergehen, ohne die Anstrengung des Schaffens. Aber die Anstrengung bleibt bloße Anstrengung ohne die Gnade der Götter, der Dämonen, der Kräfte, die wir nicht nennen können. Wer ich bin und was ich werde als Schriftsteller, entscheide ich niemals allein. Damit ist nicht leicht umzugehen. Damit konnte auch Kästner nicht umgehen.

Das Handwerk des Schreibens ist erlernbar, in Maßen, die Einbildungskraft lässt sich stärken, der Moment der Eingebung allerdings steht nicht in unserer Macht. Denn ich bin es nicht allein, es ist die Zeit, die uns gegenwärtig sein lässt – oder vorgestrig. Max Frisch bringt es in seinen frühen Tagebüchern in die gültige Formulierung derer, die von ihrem Gelenktsein wissen: „… eigentlich sind nicht wir es, die schreiben; sondern wir werden geschrieben."

Berlin Alexanderplatz, Menschen im Hotel, Das kunstseidene Mädchen, Fabian oder Der Gang vor die Hunde – das waren Romane, die entstanden aus der Zeit – für die Zeit. Es liegt etwas in der Luft. „Es liegt in der Luft eine Sachlichkeit", dichtete Marcellus Schiffer in den Zwanzigerjahren, „es liegt in der Luft eine Stachlichkeit, / es liegt in der Luft, es liegt in der Luft, in der Luft!"

Das Atmosphärische hatte sich gewandelt nach dem Krieg. Die Zeit schien ihn wieder zu begünstigen, anfangs. Bis er begriff: Er lebte in einem falschen Land. An einem falschen Ort. Er hatte Umgang mit den falschen Menschen. Er sprach in einer falschen Sprache.

Im Jahr 1957 wurde Erich Kästner der Georg-Büchner-Preis verliehen, eine der bedeutendsten literarischen Auszeichnung der

Bundesrepublik. Im gleichen Jahr wurde sein Sohn geboren, *Die Schule der Diktatoren* uraufgeführt und seine Kindheitserinnerungen *Als ich ein kleiner Junge war* veröffentlicht. Ein glückliches Jahr, bis auf den letzten Tag, als sein Vater starb, neunzigjährig.

Georg Büchner starb mit dreiundzwanzig Jahren. Er hat wenig hinterlassen, aber das wenige überdauert. „Der Mensch ist ein Abgrund", heißt es im *Woyzeck*, „es schwindelt Einem, wenn man hinunterschaut ..." Büchner hat hinuntergeschaut. Auch Max Frisch, der den Preis im Folgejahr erhielt, hat hinuntergeschaut. „Schreiben heißt", so notiert er in seinen Tagebüchern, „sich selber lesen." Dichter mühen sich um sich selbst. Den anderen zuliebe. Sie zergliedern sich. Sie halten Gerichtstag. „Leben heißt – dunkler Gewalten / Spuk bekämpfen in sich. / Dichten – Gerichtstag halten / Über sein eignes Ich."

Ibsen hat in den Abgrund geschaut. Erich Kästner hat den Blick abgewandt. Die Höllenfahrt der Selbsterkenntnis – er verschob sie auf unbestimmte Zeit. Obwohl ihm längst Zweifel gekommen waren. Auch an den vielen Ehrungen, die ihm zuteilwurden. Was ist denn ein Satiriker noch wert, wenn er von einer bürgerlichen Akademie hofiert wird? „Galt denn seine Satire nicht gerade auch jenen öffentlichen Einrichtungen, die ihn nun loben?" War es also ein Beweis seiner Domestizierung, dass er preiswürdig war? „Könnte man damit sagen wollen: ‚Du bist ein zahmer Zirkuslöwe, nun komm, und friß Lorbeer aus der Hand!'?"

So war es. Wie so oft lässt Erich Kästner die Wahrheit in wenigen beiläufigen Worten anklingen – und entkräftet sie dann durch sein weiteres Sprechen und Tun. Denn natürlich kann er den Zweifel so nicht im Raum stehen lassen: Er verdient den Preis, weil er ihn im Namen der politisch Verfolgten annimmt, als Mitglied „jener ‚Gesellschaft der Menschenrechte', die oft genug bedroht und verfolgt und selten genug verehrt wird". Das hat einen schalen Beigeschmack. Er war ein verbrannter Autor. Er war ein verbotener Autor. Aber er war auch der Autor des *Münchhausen*. In dieser Feststellung liegt weniger ein Vorwurf als vielmehr eine Frage: Glaubte er sich wirklich im Kreis der Emigranten? Vermutlich. Denn innerlich war er emigriert.

Georg Büchner ist – auf diese Pointe steuert Erich Kästner in seinem Vortrag hin – ein Anachronismus, einer, der in einer anderen Zeit lebt. So wie Kästner es tut. „Er litt unter der Gleichzeitigkeit des Ungleichzeitigen." So wie Kästner es tut. Die Figuren Büchners „haben eine Maske vorm Gesicht, doch nicht nur das –, sie haben auch noch ein Gesicht vor der Maske!". So wie Kästner.

Er will in Büchners Fußstapfen treten mit der *Schule der Diktatoren*. Er glaubt sich nicht zahm. Er glaubt sich nicht alt. Aber er ist es. Im Januar 1959 wurde Erich Kästner das Große Bundesverdienstkreuz verliehen, eine Ehrung, die er als nicht ausreichend ansah, wie er in einem Brief betont: „... auch Fontane hatte sich seinerzeit darüber geärgert, dass man Schriftsteller so niedrig einschätze. Wenn man mich vorher gefragt hätte, hätte ich, im Namen der Schriftstellerei, den Orden abgelehnt." Ernst Jünger nahm ihn gern an, wie so viele andere Orden auch. Irmgard Keun hat ihn abgelehnt.

Erich Kästner legte Wert auf Wertschätzung. Er wurde Ehrenmitglied der Wilhelm-Busch-Gesellschaft in Hannover, erhielt 1970 den Ehrenpreis der Stadt München, war Mitglied der Bayerischen Akademie der Schönen Künste. Aber was war diese Mitgliedschaft noch wert, als im Frühjahr 1961 die Zuwahl Martin Heideggers wahrscheinlich schien? Erich Kästner legte Einspruch ein und verwies auf dessen Treuebekenntnis zum Führer, das er als Rektor der Universität Freiburg im November 1933 der Studentenschaft abverlangte. Heidegger wurde dennoch zum Mitglied gewählt.

Erich Kästner erhielt viele Leserbriefe, viele Schulen wurden nach ihm benannt, viele Bücher von ihm verkauft. Der einst so ersehnte Ruhm, er war da. Es hat ihn nicht glücklicher gemacht. Es hielt ihn nicht von der Selbstzerstörung ab. Was hätte ihn retten können?

Die Ärzte hätten ihn retten können. Im Jahr 1961 wurde bei Erich Kästner Tuberkulose diagnostiziert. Er war nach einem triumphalen Lesemarathon in Wien mit Tausenden von Zuhörern nach der Einnahme von Schmerzmitteln zusammengebrochen. Im Klinikum München wurde er eingehend untersucht. Die Ärzte rieten zu einer Luftveränderung, und so reiste er im Januar 1962 in die Schweiz, nach Agra, nahe Lugano. Er bezog ein Zimmer im Deutschen Haus – einem geschichtsträchtigen Alpensanatorium, Zweigstelle der Zauberberg-Klinik in Davos –, das allerdings den Betrieb wenige Jahre später einstellte. Das Grandhotel der Siechen wurde zum Geisterhaus, dessen Ruine jahrzehntelang an die verhängnisvolle Tyrannei der Volksseuche erinnerte, bevor aus seinen Ruinen ein Hotel erstand. Die Tuberkulose wurde bis in die Fünfzigerjahre hinein – so es sich die Patienten leisten konnten – vorwiegend durch Liegekuren im Hochgebirgsklima kuriert, bis sich die Tbc-Impfung bei Kindern durchsetzte und Antibiotika für alle verfügbar waren. Die Aussichten auf Heilung waren also Anfang der Sechzigerjahre noch alles andere als hoffnungsvoll. Nur ein Drittel der „Schwindsüchtigen“ im Sanatorium überlebte. Zumal die Klinik in Agra, einem Bericht des *Spiegel-Magazins* zufolge, medizinisch nicht den besten Ruf hatte. Auch wenn sich Kästner folgsam als „Liegekurfürst“ betitelte, er führte dort das

Leben, das er auch in München geführt hatte. Was dank des berüchtigten Schlendrians unter den Ärzten ohne Weiteres möglich war. Er rauchte, sobald sich die Gelegenheit ergab, er trank Hochprozentiges schon tagsüber, er hatte sein Stammlokal vor Ort, das *Ristorante Beim Toni*, wo ihm – wie auch in seinem ‚Büro', dem Café des Kursaals von Lugano – diskret Whiskey statt Tee im Teeglas serviert wurde. Die Schließzeiten der Pforte handhabte er nach eigenem Gutdünken. „Er bekam dann", so berichtet es der Illustrator und Tessiner Nachbar Horst Lemke, „bei seinem späten Eintritt auch regelmässig von der besorgten Schwester Vorwürfe, aber er erledigte es mit seinem Charme, und gelassen und lächelnd mit einer kleinen, gewölbten Whiskyflasche in der Tasche ging er auf sein Zimmer. Na – ja." Wie ist dieses hilflose „Na – ja" des Freundes zu deuten? Alle Freunde reagierten auf Kästners Trunksucht mit diesem geduldigen, verständnisvoll verständnislosen „Na – ja". Sie wollten sich dazu nicht weiter äußern. Ihm gegenüber nicht und der Öffentlichkeit gegenüber schon gar nicht. Als ob dieses Schweigen geholfen hätte.

Erich Kästner blieb der Alte in Agra und gesundete wundersamerweise dennoch, von der Tuberkulose zumindest. Im Januar 1964 kehrte er erneut in das Sanatorium zurück, blieb dort bis August und wurde schließlich als weitgehend geheilt entlassen.

Krankheit ist die Gelegenheit zur Gesundung, körperlich, seelisch. Aber seelische Heilung war nicht in Sicht. Die Ärzte kümmerten sich um ihn, soweit es galt, ihn als Prominenten körperlich wiederherzustellen. Er konnte dem literarischen Betrieb entfliehen, die häuslichen Querelen hinter sich lassen. Luiselotte Enderle, die ihm durch ihre Eifersucht das Leben zur Hölle machte, blieb ihm weitgehend fern in dieser Zeit. Friedel Siebert hingegen lebte mit dem gemeinsamen Sohn zeitweilig in der Nähe, aber daraus ergab sich keine wirkliche Lebensumstellung: Die Geliebte blieb die Geliebte. Ein offenes Bekenntnis zum Sohn stand aus.

Zauberberg-Zeit. Hans Castorp hatte sich seinerzeit unter der Obhut von Naphta und Settembrini als Kranken, als Mensch, als Denkenden neu entdeckt. Aus dem sehr unbedarften Bürgersohn war ein gewiefter Nutznießer dekadenter Debatten geworden, die das Davoser Sanatorium in eine große Bühne verwandelten, auf der sich ein letztes Mal die europäische Geistigkeit präsentierte. Davon war im Deutschen Haus nie etwas zu spüren gewesen. Das Sanatorium berief nach der Machtergreifung recht zügig zwei Nationalsozialisten in den Vorstand, Wilhelm Gustloff und Ernst Freiherr von Weizsäcker, weil man, wie das Nachrichtenmagazin *Der Spiegel* vermutete, auf die reichsdeutschen Patienten nicht verzichten wollte. Gustloff, Landesgruppenleiter der NSDAP-Auslandsorganisation, wurde bald darauf von dem jüdischen Studenten David Frankfurter erschossen und als „Blutzeuge" der Nationalsozialisten glorifiziert. Ernst Freiherr von Weizsäcker, Gesandter in Bern, sah sich hingegen im Nürnberger Prozess zu Unrecht angeklagt. Obwohl er Deportationsbefehle für französische Juden in das Konzentrationslager Auschwitz abgezeichnet hatte, obwohl ihm der Ehrendegen des Reichsführers SS und der SS-Totenkopfring verliehen worden waren und obwohl er im Mai 1936 – eine kuriose Fußnote zur Geschichte des *Zauberberg* – die Ausbürgerung Thomas Manns wegen „feindseliger Propaganda gegen das Reich im Ausland" befürwortet hatte, mit Erfolg. Diese Zeiten nationalsozialistischer Einflussnahme im Deutschen Haus schienen lange vorbei, aber der Geist des Hauses war noch immer ein gänzlich anderer als der, von dem Hans Castorp seinerzeit in Davos ergriffen worden war. Vom Betrieb entnervte Patienten pöbelten und randalierten, „griffen Schwestern an und tyrannisierten Leidensgenossen. Andere fühlten sich in Agra so wohl, dass sie nach erfolgreicher Behandlung ‚als Schmarotzer im Hause' blieben" – so *Der Spiegel.*

Erich Kästner gedachte, nicht länger zu bleiben als nötig, aber er gedachte auch nicht, sich zu ändern. Er traf Freunde, er korrespondierte, er schrieb – das alles auf mittlerer Höhe, denn der Aufstieg zum Olymp, den er sich als junger Mann erträumt hatte, der gelang ihm, anders als seinerzeit Thomas Mann mit dem *Zauberberg*, in Agra nicht. Die Tuberkuloseerkrankung – von Thomas Mann als humanistische Kur zur Geistesgesundung poetisiert – war bei Erich Kästner nur Anlass eines Kuraufenthaltes, der wie ein kleinbürgerliches Idyll schien, ihn aber tatsächlich dem Ende weitaus schneller näher brachte, als die Freunde es wahrhaben wollten. Alle ließen ihn dort im Stich. Die Ärzte, die sich nicht an seinem Alkoholismus störten. Die Krankenschwestern und Pförtner, Wirte und Kellner, die dem prominenten Patienten und Gast alles durchgehen ließen. Und die Freunde selbst, die großzügig übersahen, was sie nicht wahrhaben wollten. Denn es wäre ihre Pflicht gewesen, Fragen zu stellen. Aber keiner wollte es sich zur Aufgabe machen, ihm zu helfen.

Die Zauberberg-Zeit war vertan, legt man Hans Castorps Maßstab an. Kästner hätte dort den Roman seines Lebens schreiben können. Er hatte die Zeit, die Ruhe, aber ihm fehlte der Wunsch, sich näherzukommen. Vielleicht auch der Mut. So floh er wieder dorthin, wo er sich bestens auszukennen schien – in die Kindheit. Aus dem großen Mann wurde: *Der kleine Mann.* Ein Kinderbuch, sehr versiert erzählt, dem aber der Zauber des Kindseins völlig fehlt.

Was hätte ihn vor dem Abstieg retten können? Die Liebe? Es gibt ein Bild aus diesen Tagen, das ihn mit seinem Sohn Thomas zeigt, abgedruckt in dem kleinen Band *Briefe aus dem Tessin*. Die beiden sitzen im Garten des Sanatoriums, Kästner breitbeinig, den Blick ins Leere gerichtet, Thomas seiner Schulter zugewandt, der kalten. Es lässt sich viel hineindeuten in dieses Bild, aber wenig herauslesen an großen Vatergefühlen. Er habe ihn „sehr, sehr gern", hat Kästner verschiedentlich betont, aber einen radikalen Lebenswandel hätte er ihm zuliebe niemals vollzogen. Erich Kästner fand weder zu seinem Sohn in diesen Tagen noch zu dessen Mutter, noch fand er zu sich. Er lavierte. Er suchte in der Vergangenheit, was er in der Zukunft nicht zu sehen vermochte. In jenen Tagen auf dem Zauberberg schrieb er das Drehbuch zu dem Film *Liebe will gelernt sein*, es war eine Bearbeitung seines Theaterstücks *Zu treuen Händen*. Die Titel mussten Luiselotte Enderle wie Hohn in den Ohren geklungen haben. „Der Film ist ganz nett geworden", befand Kästner, dem dieses laue Urteil selbst wohl am peinlichsten war. Das Theaterstück basiert gedanklich auf der Kunst des Arrangements, ein Erfolgsschriftsteller weiß sich selbst in Sachen Liebe nie so recht zu entscheiden, was ihn so lange mit Herzen jonglieren lässt, bis das eigene bricht – oder auch nicht. Ein Lustspiel. Aber es wurde eine Tragödie daraus.

„*Vergiß bei keiner Zeile*", schrieb Erich Kästner im Sommer 1963 an Luiselotte Enderle, „*daß Du der Mensch bist, an dem ich am meisten hänge!*" Aber er weiß schon in der Niederschrift, dass ihr dieses Bekenntnis nicht genügen kann, weil es keiner liebenden Frau genügen würde. „Nach Deiner Überzeugung, ich weiß, ist das nicht viel. Ich bin ja ein kalter Kerl. Oder verwechsle Sentimentalität mit Gefühl."

Ein lyrischer Anatom der Liebe ist er, kein Liebender. Und er gibt weiter zu, dass er am Ende ist, weil er Mühe hat, wieder zu schreiben. „Ich bin ein Einzelgänger und ein Schriftsteller und muß Geld verdienen. Solange ich nicht arbeite; solange bin ich dicht am Verzweifeln.“ Ein seltsamer Satz. Der sie daran erinnern soll, dass ihr gemeinsamer Wohlstand allein von ihm erarbeitet wurde. Denn für wen verdient er das Geld? Für ihn allein würde sein Vermögen bei Weitem reichen. Für das feine Leben in München ist Luiselotte auf ihn angewiesen. Er mag es anders gemeint haben, aber sie war zu jedem Missverständnis mehr als bereit. Auch in Sachen geteiltes Leben. Denn wozu soll der Kompromiss taugen, den er ihr vorschlägt: ein Leben zu viert, in wechselnden Perioden des Zusammenseins. Kein Eheversprechen, weder an die eine noch an die andere. Aber ein Sohn, der seinen Namen trägt. Ein Kind vor Augen, das er ihr immer verweigerte. Dafür nun die Rolle als Hausdame, bessere Sekretärin, Gesellschafterin bei allen öffentlichen Anlässen. Und die andere Frau, war sie noch immer Geliebte? Oder nur die Mutter des Kindes? Jeder Gedanke daran musste Luiselotte Enderle zutiefst erbosen. Was sollte sich da an Arrangements finden lassen?

Der Mittelweg. Ausgerechnet in Herzensdingen. Was für eine Heuchelei, so musste es ihr erscheinen. Der Dichter der Liebe, jenes Gefühls, das wie kein anderes das Absolute sucht und will, schlägt den bürgerlichen Mittelweg vor, Madame und „süßes Mädel“, Ehefrau und Geliebte, verfügbar nach Bedarf, denn der Vermögende gebietet: „Er muß gefunden werden. Hundertprozentig einseitige Lösungen gibt es nicht. Jedenfalls für mich. Es wäre seelischer Selbstmord.“ Aber, was er vorschlägt, ist nichts anderes als – Mord, wechselseitiger. „Der Mittelweg hieße: halbieren. Mich und, es ist schlimm, auch Dich.“ Ein wenig tragisch, ein wenig komisch. Wie soll ein halbiertes Herz noch schlagen können? Derlei pathetische Fragen wird sich Luiselotte Enderle nicht gestellt haben. Sie wusste, was sie wollte. Sie wollte nicht teilen.

Er hatte sie gekränkt. Sie wütete gegen ihn. Engagierte Privatdetektive. Zertrümmerte Mobiliar. Attackierte ihn körperlich. Sie tat das, was Liebende tun. Sie geriet außer sich. Wurde zur Furie. Was eines beweist: Sie liebte ihn immer noch. Zumindest wollte sie ihre Besitzansprüche wahren. Das Urteil in diesem Fall scheint leicht gefällt. Hier die Besessene, die nicht loslassen kann. Dort der Mann mit dem großen Herzen, der keine der Frauen enttäuschen will, die er liebt. Luiselotte Enderle erscheint trotz ihres Liebeswahnsinns als Täterin, Kästner hingegen als Opfer ihrer Wut – und seiner Treuherzigkeit. Das täuscht. Ein Reflexionsphänomen. Es ist umgekehrt. „Wir halten uns", schreibt Max Frisch, der sich ein wenig mehr Mühe gab, über die Liebe nachzudenken, „für den Spiegel und ahnen nur selten, wie sehr der andere seinerseits eben der Spiegel unsres erstarrten Menschenbildes ist, unser Erzeugnis, unser Opfer –."

Luiselotte Enderle war nicht schuld am Zusammenbruch beider. Er allein trug die Schuld. Erich Kästner hat der Liebe, sofern es nicht die der Mutter war, nie viel zugetraut. Er hielt sie für einen schönen Zeitvertreib. Am Beispiel seiner Eltern hatte er studieren können, was sich Menschen antun können in der unkündbar langen Zeit, bis dass der Tod sie scheidet. Der Vater hatte unter der Hartherzigkeit der Mutter gelitten, die Mutter unter der harmlosen Biederkeit des Vaters, die wenigen frohen Momente der beiden waren die, die sie mit ihrem Sohn teilten. Zwei Menschen, mit ihren Herzen einander so fern wie nur denkbar, das war die Ehe, vor der Kästner immer zurückscheute. Ohne Ersatz zu finden –

ausgenommen die Freundschaft zu Luiselotte Enderle, die sie als Liebe verstand. All seine Liaisons, all seine Liebeleien hatten ihm nicht mehr eingebracht als das Gefühl, allein zu sein. Die erhaltenen Briefe an Friedel Siebert und all die anderen Frauen, sofern sie denn publiziert sind, offenbaren so wenig an Gefühl, dass es den Leser schmerzt. Der Autor Erich Kästner ist in seinen Briefen nicht wiederzuerkennen. Die Liebe hat ihn nicht klüger gemacht, nicht großherziger, nicht beredter – und auch nicht liebenswerter. In seinen guten Zeiten hat ihn die Liebe eitel gemacht, und selbstgefällig, in seinen schlechten Zeiten bot sie keinen Halt, weder bei der Lebensgefährtin noch bei der Geliebten. Der Vielgeliebte war einsam.

Es ließe sich das Ende Kästners als unglücklicher Liebesroman erzählen. Aber hätte ihn die Liebe retten können, ihn, den „kalten Kerl“? Nein, dazu war er zu sehr Autor, Beobachter seiner selbst. Die Liebe, das war eine Illusion, der er von Zeit zu Zeit erlag in Ermangelung einer anderen, größeren Illusion. Welche Hoffnung sie auch immer für ihn darstellte, sie erfüllte sich nicht. Als Don Juan war er zuletzt nur noch ein müder Wiedergänger all der soignierten älteren Herren, die sich in den Münchner Bars das Lächeln der jungen Damen vor und hinter dem Tresen viel zu viel kosten ließen. Als Lebensgefährte für Luiselotte Enderle taugte er nicht, weil er ihren Kummer niemals als den seinen hatte begreifen wollen. Und die wenigen, fotografisch dokumentierten Szenen des Familienlebens mit Friedel Siebert und seinem Sohn lassen ihn wirken, als sei er in ein falsches Stück geraten.

Können Schriftsteller lieben? Hat je die Liebe einen Dichter, eine Dichterin glücklich gemacht? Wäre dem so, hätten sie ihren Beruf verfehlt. Wer schreibt, ist nicht glücklich, sonst müsste er nicht schreiben – lyrische Posaunisten der Lebensfreude ausgenommen. Max Frisch und Ingeborg Bachmann trieben sich zum Wahnsinn, wie Jahre zuvor schon Irmgard Keun und Joseph Roth, Scott und Zelda Fitzgerald. Schriftstellerpaare hausen meist in der Hölle, Schriftsteller als Einzelwesen stets im Fegefeuer. Hätte Irmgard Keun die Liebe retten können? Zu keiner Zeit des Lebens. Sie verliebte sich stets in die falschen Männer, weil ihr die Männer nicht wichtig waren. Der eine Mann ausgenommen, der ein Genie war wie sie. Was das Zusammenleben undenkbar machte.

Ein Schriftsteller liebt nicht. Es sei denn so, wie Thomas Mann in seinen Tagebüchern, entsagend, auf dem Papier. Fürs Papier. Goethe war als Werther ein großer Liebender, nicht als Ehemann der Vulpius. Hölderlin liebte Diotima mehr als Susette Gontard. Rilke liebte alle Frauen, die ihn für seine Verse und nicht für seinen Körper liebten. Kafka liebte Frauen, sofern sie es mit der Verlobung genug sein ließen, denn mehr Verlangen hätte ihn zu sehr aus sich selbst gelockt. Arno Schmidt machte seine Geliebte erst zur Frau und dann zur Haushälterin. Ansonsten liebte er leidenschaftlich wie Thomas Mann: auf dem Papier. Bilanz: Die Liebe der Dichter gilt sich selbst. Die Liebe der Dichter gilt der Welt, den Menschen. Aber niemals einer Frau allein. Petrarcas Laura ist Mittel zum Ruhm, Madonna der Poesie, aber niemals die Frau an seiner Seite. Selbst die Liebe der Satiriker ist insofern keusch, als sie dem Ideal des Menschen gilt, das es in der kabarettistischen Umerziehung wieder zum Leuchten zu bringen gilt.

Erich Kästner war voll Enthusiasmus in seinen Berliner Jahren. Aber weder die Welt noch die Menschen rechtfertigten diesen Enthusiasmus. Die Menschen erwiesen sich in der Mehrheit als unbelehrbar, die Welt als Ganzes war auf der falschen Umlaufbahn. Blieb die Liebe als Zeitvertreib, die sich in den ersten Münchner Jahren scheinbar so unbeschwert leben ließ wie seinerzeit in Berlin. Bis ihm das Herz dann doch einmal höherschlug, als er es auf seine alten Tage erwartet hatte. Warum sich Erich Kästner ausgerechnet in Friedel Siebert verliebte, wird sich Außenstehenden nie erschließen. Warum er in ihr die Frau seines Lebens sah – ob aus der Not der Einsamkeit heraus oder aus dem Wunsch nach einer völligen Kehrtwende, ob aus präseniler erotischer Verkrampfung oder seelischer Resignation –, darüber schrieb er kein Gedicht, über die Suche des vagabundierenden Herzens nach einem friedfertigen Daheim.

„Die Liebe ist ein seltsames Spiel", wird sich Luiselotte Enderle in ihren vielen einsamen Momenten zugeträllert haben, mit unschönem Lachen vermutlich, weil sie ihm diese großen Gefühle weder zutraute noch zugestand. Der Dichter Erich Kästner war in eine tragische Falle geraten, die er in keinem seiner Gedichte vorhergesehen hatte. Schlimmer noch, er konnte daraus keinen schriftstellerischen Nutzen ziehen – das Kinder- und Vorlesebuch über den *Kleinen Mann* ausgenommen. Er kapitulierte vor seinen Gefühlen. Er suchte den Kompromiss im Leben und nicht mehr in der Literatur. Er gab sich auf.

‚Wenn dich das Zusammenleben mit mir unglücklich macht, dann lass uns auseinandergehen.' Selbst wenn Luiselotte Enderle diesen Satz gesagt hätte – Erich Kästner wäre kein Glücklicherer geworden. Vielleicht als Mensch. Aber nicht als Autor. Insofern war es letztlich gar nicht mehr wichtig, so der traurige Verdacht, dass sie ihn freigab. Denn wie wäre sein Leben an der Seite Friedel Sieberts und seines Sohnes verlaufen. Ein früh gealterter Vater erfindet am Kinderbett immer neue Jugendgeschichten? Promeniert im Englischen Garten neben seiner viel zu jungen Frau. Und will dann womöglich noch Interviews zur moralischen Weltlage geben? Erich Kästner trennte sich nicht von Luiselotte Enderle, weil sie die Erinnerung an ihn als großen Schriftsteller wachhielt. Sie schrieb seine Biografie. Sie führte sein Haus, in welch dürftiger Weise auch immer. Sie war seine Gesellschaftsdame. Und sie wurde die Dramaturgin der einzigen Tragödie, die er je geschrieben hat, ohne sie zu Papier zu bringen. Sein einsames Ende. Über das keiner schreiben wollte. Nicht einmal er selbst.

Sie trennten sich nicht. Stattdessen sind beide sehenden Auges ins Unglück getaumelt. Ohne Not. Ohne finanzielle Not. Sie konnten sich ihren Ruin leisten. Der Abstieg vom Gipfel vollzog sich nicht als Sturz. Erich Kästners Bücher verkauften sich gut. Er verdiente gut. Viele verdienten gut an ihm. Das Geschäftsmodell Kästner: Es funktionierte bis zuletzt, und über seinen Tod hinaus. Auch deswegen wurde über sein Unglück nicht allzu laut gesprochen. Die kleine Versfabrik wurde zur Schreibfabrik. Kästner zur Marke. Er rettete sich ins Kinderbuch, in die Nacherzählung der großen Kindergeschichten, die ihm eine neue Ausflucht in die Kindheit verschafften: das Glück, die Geschichten von einst nachzuerzählen. Er agierte wie ein klug gealterter Peter Pan, der zwar nie einen ordentlichen Beruf erlernt hatte, aber seine Geschichte vom ewigen Kindsein immer wieder neu verkaufen konnte.

Die Leser lasen ihn gern. Die Verlage legten ihn immer wieder neu auf, die Filmgesellschaften zahlten gut. Mit Erich Kästner war viel Geld zu verdienen. Sein Name hatte einen Wert, der ökonomisch recht genau zu taxieren war. An diesen Wert hielt er sich selbst, umso mehr, als seine literarische Bedeutung als Satiriker und Romancier zunehmend schwand. Literatur ist ein Geschäft. Er machte gern Geschäfte. Die Kommerzialisierung seiner selbst – sie würde auch noch nach seinem Tod funktionieren. Erich Kästner wird zu Lebzeiten recht genau begriffen haben, was ihn nach seinem Hinscheiden an Nachruhm erwartete. Das war gut für seinen Sohn, für die Mutter seines Sohnes und für Luiselotte Enderle, die sich alle drei keine Sorgen um ihre Existenz machen mussten. Erich Kästner sorgte für sie, selbst im Grab blieb er als Zahlender lebendig. Auch deswegen wollte er funktionieren. Als Redner, als Märchenonkel mit Anspruch, als Fabrikant von Anthologien: *Heiterkeit in Dur und Moll, Heiterkeit kennt keine Grenzen, Heiterkeit braucht keine Worte, Heiterkeit in vielen Versen* und posthum *Schmunzelschmöker für Kurzstreckenleser*. Er, der Träger des Georg-Büchner-Preises, war dem Namensgeber des Preises nie so fern wie in diesen letzten Jahren des literarischen Ausverkaufs. Wie hat er all das ertragen? Nur im Rausch.

Es gibt Schriftsteller, die gern tun, was sie tun, und Schriftsteller, die es weniger gern tun. Manche ringen um jedes Wort, andere finden kein Ende, weder für ihr Tun noch für ihr Wollen. Schreiben ist, insofern es mit Denken verbunden wird, eine große Anstrengung. Der man sich von Zeit zu Zeit gern entzieht. Das probateste Mittel ist der Rausch.

„Ich war viel kränker als die Krankheit. Ohne jeden Lebenswillen.“ Ohne jeden Willen zu schreiben. Erich Kästner ist viele Tode gestorben in seinem Leben. Aber vor der Ankunft im Tessiner Sanatorium schien er sich vollends aufgegeben zu haben. Er kämpfte sich zurück, gesundete, auf seine Weise, und klammerte sich noch zehn Jahre an ein Leben, das vielen nicht mehr lebenswert scheinen mochte. Der Whiskey half ihm dabei. Er trank sich zu Tode, was viele mit Sorge sahen. Er hat sich ins Leben zurückgetrunken. Was so abwegig klingt, dass es schon wieder nachdenkenswert scheint.

Warum trinken Schriftsteller – um zu funktionieren. Sie trauen dem Rausch mehr zu, als er vermag. Die Frage, die sich stellt: Hätte Erich Kästner nüchtern überhaupt noch funktionieren können? Manche Menschen ertragen ihren körperlichen Schmerz nicht mehr ohne Schmerzmittel. Manche ihren seelischen Schmerz nicht ohne pharmazeutisches Gegengift. Das gebräuchlichste dieser Gegengifte ist Alkohol. Erich Kästner kam als kranker Mann aus Agra zurück. Als Alkoholiker. Er war zuvor Alkoholiker gewesen, er blieb es während der Kur. Erich Kästner war ein Trinker. Aber: Er wollte nicht sterben. Er war willens, sich von der Tuberkulose heilen zu lassen. Er war nicht willens, seine Trunksucht zu kurieren. Warum nicht? Weil er funktionieren wollte.

Vom Nutzen und Nachteil des Alkohols für Autoren ist so wenig Sachdienliches bekannt, weil das Thema meist ins Komisch-Anekdotische verflacht wird: *Noch ein Martini und ich lieg unterm Gastgeber*. Aber ein akribischer Arbeiter wie Arno Schmidt setzte nicht nur seine zahlreichen Pharmazeutika, sondern auch den Alkohol sehr bedacht als Stimulans ein. In seiner Bildbiografie findet sich ein Etikett des Weinbrands Alte Kanzlei, auf dessen Rückseite er notierte: „Während der Niederschrift [von Zettels Traum] stark benützt." Domestiziertes Delirium. So wie seinerzeit schon bei Jean Paul. Oder bei E. T. A. Hoffmann. Oder bei Johann Wolfgang von Goethe, der ja keineswegs immer nur klassisch endogen euphorisiert war. Es brauchte schon beträchtliche Mengen seines Lieblingsweins. Von Gerhart Hauptmann, von Joseph Roth werden Trinkerlegenden erzählt, in neueren Tagen machte Bukowski aus seiner Trunksucht ganz und gar kein Geheimnis, so wie seinerzeit F. Scott Fitzgerald durch seine Eskapaden für glänzende Publicity sorgte.

Thomas Mann hingegen gab sich zurückhaltender. Er wusste um die Gefahren des Dionysischen und vererbte diese zwiespältige Lust an der Selbstgefährdung an Erika, an Golo und vor allem an Klaus – der sie an seiner statt auslebte und daran zugrunde ging, noch zu Lebzeiten des Vaters. Wenn Thomas Mann berauscht war, dann von sich selbst, von seinem Schreiben, das ihn geradewegs – dank seiner mönchischen Disziplin in den Morgenstunden – auf den Gipfel geführt hatte, wo es sich, vor allem in den späten Tagebüchern, bitter-süß von dem Leben in den Niederungen träumen ließ. Irmgard Keun konnte da nur lachen. Sie war in den Niederungen daheim. Sie sprach eine andere Sprache. Sie trank nicht genüsslich zur Feier des Lebens, auf der jene gemeinsam anstoßen, die es wieder einmal geschafft haben. Irmgard Keun soff. Sie trank Fusel, weil ihr immer das Geld ausging. Sie hatte keinen Sinn fürs Wirtschaften. Sie wollte sich verschwenden. Sie wollte ein Glanz sein. Auf dem Boulevard wie in der Gosse.

So wie Erich Kästner auch ein Glanz hatte sein wollen. Sie hätten Geschwister sein können, sie waren Geschwister, literarisch gesehen, und beider Leben ging tragisch zu Ende. Zwar kam Irmgard Keun in den Siebzigerjahren noch einmal kurz zu Ansehen und Wohlstand, aber das rettete sie nicht vor den Dämonen, die in ihr hausten. Irmgard Keuns und Erich Kästners Krankenakten müssen parallel gelesen werden. Nur so wird die Diagnose im Einzelfall vom geheimen Verdacht des individuellen Versagens befreit. Irmgard Keun scheiterte nicht deshalb am Leben, weil sie ein schwacher Mensch war. Erich Kästner suchte nicht deshalb Vergessen im Rausch, weil es ihm an Charakter mangelte. All die anderen trunksüchtigen Autoren tranken nicht deshalb, weil sie schon als Verlierer auf die Welt gekommen waren. Sie tranken, weil die Welt in ihren Augen immer mehr an Ansehen verlor. Irmgard Keun ging nicht allein an sich selbst zugrunde, sondern an der Zeit. Erich Kästner ist nicht allein an sich selbst verzweifelt, sondern an der Mitwelt. Nüchtern kann nur bleiben, wer vieles übersieht.

Erich Kästner funktionierte in seinen letzten Jahren nicht trotz, sondern dank seiner Sucht. Wie triftig diese Vermutung ist, mag jeder für sich entscheiden, der Kästners Leben nach dem Abschied von Agra noch einmal Revue passieren lässt. Aber – so hoffentlich der minimale Konsens – ganz und gar abwegig ist sie nicht, insofern rehabilitiert sie auf gewisse Weise den Rausch als Mittel des Überlebens. Schriftsteller geben ein Exempel durch ihre Bücher, aber mehr noch durch ihre Existenz. Ihr Leben ist wichtig für die Leser. Literaturwissenschaftler und Kritiker denken anderes, ihnen kommt es auf die Texte an. Für die Leser hingegen sind die Texte nur Beweismittel, dass es ein reicheres Leben geben kann als das eigene. Goethes Leben bedeutete stets sehr viel mehr als sein Werk, für all die zumindest, die sich in seinem Sein ein wenig bedeutend fühlen konnten, weil er so vieles in einem helleren Licht erscheinen ließ. Das Leben ertragen lernen. Jane Austen gelang es, Virginia Woolf gelang es nicht. Das Altern ertragen lernen. Thomas Mann gelang es. Hemingway gelang es nicht. Den eigenen Tod als Autor überleben. Irmgard Keun gelang es. Und auch Erich Kästner. Beide brauchten dafür erhebliche Mengen an Spirituosen. Aber: Der Gang vor die Hunde war ein halbwegs stolzer. Irmgard Keun trug Pelz selbst dann, als sie sonst nichts mehr am Leib hatte.

Der Rausch ist ein Mittel der Selbstfindung. Der Rausch ist ein Mittel der Selbstvernichtung. Die Kinderbücher, die Erich Kästner in den letzten zwei Jahrzehnten schrieb, wozu auch die Nachdichtungen sowie das Memoire *Als ich ein kleiner Junge war* zählen, waren Zeitreisen. Auch *Notabene 45* war eine Zeitreise. Zeitreisen lassen das Ich der Gegenwart verschwinden, um es in der Vergangenheit wiederzufinden. Der Gang zu den Müttern, den Faust einst angetreten war, um sich seiner selbst zu vergewissern. Die

Selbstversunkenheit Kästners, von Hilde Spiel als „Versteinerung“ gesehen, mag auch ein solcher Rettungsversuch gewesen sein. Wie Fabian sprang Kästner einem kleinen Jungen hinterher, der zu ertrinken drohte. Dieser kleine Junge war er selbst. Dieser kleine Junge hatte es schwer, weil er niemals wirklich Kind sein durfte. Das verhinderte ausgerechnet die Frau, die ihm das Leben geschenkt hatte. Niemals hätte Erich Kästner das Andenken seiner Mutter beschädigen wollen, doch in seinen Kindheitserinnerungen klingt zumindest an, wie schwer sie es sich und anderen gemacht hat, und letztlich auch ihrem Sohn, der anfangs unter der Last ihrer Erwartungen immer stärker zu werden schien. Bis er schließlich zusammenbrach. Aber erst, als sie schon lange tot war.

Im Rausch geht die Verantwortung des Selbsterhalts verloren. Das ist eine große Erleichterung von Zeit zu Zeit. Der Rausch ist Kindheit. Der Rausch ist Rückkehr. Im Rausch schwindet das Heimweh. Erich Kästner fand in München kein Zuhause. Er war Sachse. Er war Berliner. Er war ein verbrannter Dichter. Ausgerechnet er verbrachte seinen Lebensabend in der „Hauptstadt der Bewegung“. Münchens Ministerialen hatten sich Hitler bereitwillig angedient. Dafür haben sich die Honoratioren nach dem Krieg nur in dem Maß geschämt, das politisch erforderlich war. In München gab es Kabarett, auf kleiner Bühne. Ansonsten war die Kultur der Stadt repräsentationspflichtig. Wohlstand statt Anstand.

Was in München nicht zu hören war: das Berlinerische. Erich Kästner war nicht emigriert, weil er an seiner Muttersprache hing. Er wollte sich nicht anders ausdrücken müssen. Er konnte sich nicht anders ausdrücken. Für ihn war es undenkbar, auf Englisch zu schreiben. Die Heimat war ihm Sprache, die Sprache Heimat. Vaterland, Muttersprache. Der Münchner Dialekt war Verbannung. Erich Kästner über den Viktualienmarkt spazierend, auf Bayrisch mit den Marktfrauen scherzend, undenkbar. Dennoch: Erich Kästner blieb in München. Er war viel zu höflich, um undankbar zu sein. Zumal Babylon Berlin nicht mehr existierte. Die Stadt, die ihn erst zu dem Dichter gemacht hatte, der er war, hatte nicht nur ihr Gesicht verloren. Sie war ohne Seele. Stattdessen München: die „Weltstadt mit Herz". Aber die Sprache, in der in München gedacht, gesungen und gedichtet wurde, war eine andere als in Berlin. Ein anderes Fluidum. Das tut einem Bayern gut, aber nicht unbedingt einem Berliner, der in Dresden aufgewachsen war. Die Scherze sind andere, der Humor ist ein anderer, das Miteinander ist anders.

Erich Kästner hatte gehofft, sich seine Schaffenskraft zu erhalten, indem er in Deutschland blieb. Aber die, mit denen er einst gesprochen hatte, waren tot, lebten fern von ihm oder waren verstummt. Die Sprache, die in Deutschland nach dem Krieg gesprochen wurde, das Bonner Deutsch, erinnerte nur sehr entfernt an das Berliner Deutsch der Zwanzigerjahre. Eine andere Tonart. Weitaus biederer. Weit weniger frech. Warum er mit Luiselotte Enderle zusammenblieb? Sie sprach seine Sprache, auch wenn sie ihn wüst beschimpfte. Sie tat es im gewohnten Ton, der sehr rau war, zuweilen, sehr zupackend, sehr witzig. Sie schuf ihm Heimat. Ihre Sprache war sein Zuhause.

Der Rausch hilft zu erinnern. Der Rausch hilft zu vergessen. Erich Kästner schrieb im Alter die Bücher, die ihm halfen, zurückzukehren. In seine Kindheit, ins Berlin der Zwanziger- und Dreißigerjahre. Aber die Reise im Rausch endet für gewöhnlich mit einem bösen Erwachen. Stets saß am Morgen der Kater im Nacken. Das ganze deutsche Volk war wie im Rausch gewesen. Das Erwachen nach dem Krieg – es brachte eine Nüchternheit, die keiner wollte. Das Volk blieb im Rausch. Im Rausch des Patriotismus dank des Wunders von Bern. Im Rausch der eigenen Tüchtigkeit dank des Wirtschaftswunders. Im Rausch des feierabendlichen Prosits.

Luiselotte Enderle war Trinkerin. Erich Kästner war Trinker. Aber als Trinker fiel man in München nicht zwangsläufig unangenehm auf. Alkoholismus war Alltag. Wer sich eine alte Folge von *Der Kommissar* ansieht, staunt, was im Dienst so alles konsumiert wurde. Der Barschrank war in den Sechzigerjahren stets gut gefüllt. Alle tranken, so scheint es im Rückblick, Frauen wie Männer, Senioren und Heranwachsende – denen keine Droge verziehen wurde, bis auf die eine. Und natürlich Zigaretten. Es ist eine Kultur der Geselligkeit. Es ist eine Kultur des gemeinschaftlichen Verdrängens: „Antreten, wir wollen feiern!" Die Wahrheit dahinter, die keinen kümmerte: Man ertrug einander nur im Suff.

Der Rausch macht schön, der Rausch machte hässlich. Das Bild der frühen, das Bild der späten Jahre. Erich Kästner war ein gut aussehender Mann. Schlank, zu schlank die Gesichtszüge unmittelbar nach dem Krieg. Sportlich, durchtrainiert Anfang der Fünfzigerjahre. Dann allmählich entgleisten die Züge. Die Bilder im Alter zeigen keinen alten Mann, sie zeigen einen Trinker. Das Gesicht aufgeschwemmt. Der Blick richtungslos.

Das verlorene Gesicht, das war der Titel des Films gewesen, den die Berliner Filmcrew seinerzeit in Mayrhofen hatten drehen wollen. Es wurde dann tatsächlich, ohne Beteiligung Kästners, 1948 ein Film unter diesem Titel produziert. In der Hauptrolle Marianne Hoppe, die 1936 Gustaf Gründgens geheiratet hatte, um beiden fortan den Verdacht der Homosexualität zu ersparen. Der Regisseur war Kurt Hoffmann, der zehn Jahre später mit dem Film *Wir Wunderkinder* die Schizophrenie der bundesrepublikanischen

Mentalität aufs Schönste bebilderte, nicht zuletzt durch dezente Anleihen aus Kästner Biografie. Hoffmann und Kästner waren bestens bekannt, unter anderem durch die Verfilmung *Drei Männer im Schnee*. Gehobene Unterhaltung. Das Zauberwort der Zeit. Man wollte sich wieder amüsieren, köstlich amüsieren. Das ging nur auf Kosten einer dissoziativen Amnesie. Verdrängt wurde, was dem Vergnügen hätte schaden können. So auch im Film *Das verlorene Gesicht*: Eine Frau mit zwei Identitäten wechselt kraft Hypnose ihre Lebensläufe, ohne sich ihres wahren Ichs wirklich erinnern zu können.

Der Rausch ist schöpferisch. Er lässt Menschen schöner erscheinen, als sie sind. Der Rausch ist entlarvend. Er zeigt das wahre Gesicht der Menschen. Sich etwas schöntrinken – das ist eine Anstrengung, die nur im Moment der Anstrengung selbst belohnt wird, denn die Illusionen der Trunkenheit sind nie von Dauer: „Ihr naht euch wieder, schwankende Gestalten! / Die früh sich einst dem trüben Blick gezeigt. / Versuch' ich wohl, euch diesmal festzuhalten? / Fühl' ich mein Herz noch jenem Wahn geneigt?" Jener Wahn, das ist der Wille zur Wahrheit. Die Masken fallen. Die des Gegenübers – und die eigene.

Über das Schöpferische lässt sich schwer sprechen. Über den Schaffensrausch. Über den Gang zu den Müttern. Im *Faust* wird dieses Werden und Vergehen immer wieder neu bedacht und bebildert. „Versinke denn! Ich könnt' auch sagen: steige! / 's ist einerlei. Entfliehe dem Entstandnen …" Das ist der Imperativ des Rauschs. Im Versinken neu auferstehen. Inspiration ist nur ein anderes Wort für Ahnungslosigkeit. Wer ich bin und was ich werde als Schriftsteller, entscheide ich niemals allein. Damit ist nicht leicht umzugehen. Denn ich kann diese Schaffensinstanz nicht wirklich benennen. Ich kann nur immer wieder antreten zum Dienst. Zuweilen wird das belohnt, zuweilen nicht. Niemand weiß, was es heißt, schöpferisch zu sein. Was in uns arbeitet, was gepflegt, angeregt, geplagt werden will.

Trinken versetzt in einen virtuellen Schaffensrausch. Trinken will den Schaffensrausch, im Kleinen wie im Großen. Das scheinbar Unmögliche gelingt dann: aus einer bewussten Anstrengung heraus etwas Ungezwungenes schaffen. Sich in einen Zustand künstlicher Ekstase versetzen, das klingt verführerisch. Doch die wenigsten können im Rausch schreiben. Allenfalls in der Erwartung des Deliriums. Ein mittleres Maß zu finden, wie Goethe, Jean Paul, E. T. A. Hoffmann oder Arno Schmidt, stets leicht euphorisiert, die Dämonen fernhalten und sie herbeizitieren, ein Wechselspiel, das große Anstrengung kostet. In den Abgrund des eigenen Ichs hinabsteigen, aber auch wieder herausfinden. Tag für Tag aufs offene Meer hinausschwimmen in der Hoffnung, immer wiederzukehren, den Unterströmungen zu trotzen. Und wieder hinaus, weil der eigene Horizont nicht die Grenze sein darf. Eines Tages ist man dafür zu schwach. Treiben lassen.

Wer bin ich? Ein Alternder. Aber wer ist schneller gealtert, die Zeit oder ich? War ich je jung, war ich je erwachsen, war ich je der, der ich hatte sein wollen, damals, als ich antrat, die Welt aus den Angeln zu heben? Der Gang vor den Spiegel, Erich Kästner hat ihn gelegentlich gewagt, bevorzugt auf lyrische Weise, aber einmal auch sehr prosaisch direkt: *Briefe an mich selber*, geschrieben 1940, als Kästner noch einmal versuchte, „gut Freund" mit sich zu werden. Aber er findet nicht den richtigen Ton in diesen Briefen. Zu förmlich die Anrede: „Wer Sie flüchtig kennt, wird nicht vermuten, dass Sie einsam sind; denn er wird Sie oft genug mit Frauen und Freunden sehen." Doch: „Kein Händedruck, kein

Hieb und kein Kuss werden Sie aus der Einsiedelei Ihres Herzens vertreiben können. Wer das nicht glaubt, weiß überhaupt nicht, worum es geht.“

Worum es geht? Um die verlorene Kindheit geht es. Um die verlorene Zukunft. Diese Briefe sind Abschiedsbriefe. In jenen Jahren starb Erich Kästner, der alte Erich Kästner, der Autor des *Fabian*. Er ertrank. Er ertränkte sich. Nicht im Nu. Er ließ sich Zeit dafür. Aber dass er vor der Zeit starb, ist gewiss.

Warum war Erich Kästner unglücklich im Alter? Die einfache Antwort: Er hat zu viel getrunken. Aber – Trinken ist nicht die Antwort, Trinken ist die Frage. Warum war er unglücklich? Er war es nicht allein. Das ist keine Antwort, aber es entkleidet die Frage ihres detektivischen Gewands. Warum waren so viele Menschen in diesen Jahren so unglücklich? Der Verdacht: Die Schuld aller kam nicht zur Sprache, der Kummer wurde privatisiert.

Erich Kästners Leben spiegelt sich in vielen Leben wider, in dem Erich Maria Remarques', in dem Carl Zuckmayers, im Leben Döblins, Wolfgang Koeppens, selbst im Leben Thomas Manns, sie alle kamen nicht mehr wirklich an in der Bundesrepublik. Vicki Baum blieb der Heimat fern, Marlene Dietrich wurde nicht mehr heimisch, und auch Irmgard Keun lebte, als hätte sie sich selbst ins Alleinsein verbannt. Sie war im Krieg gestorben, wie so viele, die danach weiterlebten, irgendwie, auch wenn nichts mehr erstrebenswert erschien. Das alte Leben, es war nicht mehr. Das neue Leben, es wurde gelebt, aber es war nicht wirklich lebenswert.

Erich Kästners Gang vor die Hunde ist kein einsamer. Viele gingen diesen Gang. Viele der Versprengten, die in der Weimarer Zeit eine bessere Zukunft erhofft hatten, nicht für sich, für das Land, fanden nicht mehr zurück ins Leben. Es war nicht mehr ihr

Leben. Es waren nicht mehr ihre Träume. „Die große Freiheit ist es nicht geworden. / Es hat beim besten Willen nicht gereicht. / Aus Traum und Sehnsucht ist Verzicht geworden.“ Diesen Verzicht hat nicht jeder ertragen können. Das ist kein persönliches Versagen – wenn dieser Verdacht je nahegelegen hätte. Es ging über die Kräfte jedes Einzelnen. Die Toten waren ihnen näher als die Lebenden. „Was ich besitze, seh' ich wie im Weiten, / Und was verschwand, wird mir zu Wirklichkeiten.“

Der Rausch weckt das Gute. Der Rausch weckt das Böse. Hätte er nicht das Böse in sich, wie könnte der Dichter über das Böse schreiben? Hätte er nicht die Wut, den Wahnsinn, all die Widersprüchlichkeit des Lebens in sich, wie könnte er seine Figuren verstehen, geschweige denn, ihnen Leben geben? Sie blieben nur Marionetten des Gutgemeinten. Aber ein guter Autor und ein guter Mensch sind zweierlei. Bertolt Brecht, der im *Baal* so dionysisch den Rausch besang, blieb selbst ein Nüchterner, berauscht nur vom eigenen Größenwahn. Der nie groß zur Verhandlung stand. Selbst seine Entgegennahme des von Thomas Mann abgelehnten Stalinpreises, selbst sein vielfach bezeugter intellektueller Missbrauch all der Frauen, die in ihm den Dichter und nicht den Mann sahen, wurden ihm nicht zum Verhängnis. Er blieb ein Klassiker. Obwohl er den größten Lumpen seiner Zeit nicht unähnlich war in seinem beharrlichen Narzissmus, im sturen Glauben an die gute Sache, die längst keine gute mehr war. Wäre er ins Grübeln gekommen? Ausgerechnet ihm, dem alle untertan schienen, selbst Helene Weigel, ausgerechnet ihm kam der Tod in die Quere. Er starb, noch ehe er sich besinnen konnte.

Der Rausch nimmt die Angst vor dem Tod. Der Rausch lehrt die Angst vor dem Tod. Wir leben, um zu sterben – das zu begreifen, erfordert mehr Mut, als ein Mensch für gewöhnlich aufbringen kann. Der Rausch hilft dabei. Er lehrt, die Bewusstlosigkeit bewusst herbeizuführen, und er lehrt die Schmerzhaftigkeit des Erwachens. Ein Trinker kann tausend Tode sterben in seinem Leben. Viel mehr Tode als ein Nichttrinker. Er wird, wenn er Glück hat, tausend und ein Mal erwachen. Ernüchtert erwachen. Sich selbst sehen, als das, was jeder von uns ist: ein Sterblicher.

Der Rausch lehrt Demut. Anders als der Größenwahn. Anders als viele synthetische Drogen. Irmgard Keun nahm auch Pervitin. Die Droge der Soldaten. Die Droge der wahnsinnigen Nazi-Granden. Die Droge derer, die sich selbst überschätzen. Alkohol ist die Droge derer, die sich selbst unterschätzen.

Die Widersprüche des Lebens sind nur im Rausch zu ertragen. Aber die Kunst entsteht nicht im Rausch. Der Schaffensrausch ist von anderer Art als der Rausch der *Feuerzangenbowle*: „Wahr sind nur die Erinnerungen, die wir mit uns tragen; die Träume, die wir spinnen, und die Sehnsüchte, die uns treiben. Damit wollen wir uns bescheiden …" Das ist Heinz Rühmanns Credo, das ihm und vielen anderen Überlebenden half, sich ihrer Verantwortung zu entledigen: Wahr sind nur die Erinnerungen, die helfen, am Leben zu bleiben. Das ist eine Lüge. Wahr sind auch die Erinnerungen an all die, die auf der Strecke blieben. Derer man sich nicht mehr erinnern wollte.

Die „Sehnsüchte, die uns treiben", sie waren vor dem Krieg andere als nach dem Krieg. Sie ließen das Leben so viel leichter erscheinen – vor der Diktatur. Die Horizonte schienen weit und offen. Niemals mehr war nach dem Krieg dieses Gefühl der Freiheit zu spüren. Die Leichtigkeit im Denken war dahin. Seine letzten Bücher musste Erich Kästner sich schwer erkämpfen. Er schuf sie nicht im Rausch, nicht im Rausch der Erkenntnis, nicht im Rausch der Schaffensfreude. Er schuf sie durch Disziplin. Das Erzwungene ist den Figuren anzumerken. Sie existieren auf fremde Weisung hin, nicht mehr durch sich selbst. Emil Tischbein und Mäxchen Pichelsteiner leben in getrennten Welten.

Der Rausch befreit. Der Rausch kerkert ein. Nur im Zusammenleben mit einem Alkoholiker kann sich ein Trinker noch einigermaßen selbst ertragen. Von den Nüchternen droht nur Gefahr. Die schlimmste denkbare Drohung: Ausnüchterung. Gab es in Erich Kästners letztem Lebensjahrzehnt einen Menschen, der ihm das zumuten wollte? Wäre er je wieder zum Verzicht auf den Rausch zu bekehren gewesen? Erich Kästner und Luiselotte Enderle lebten als Paar, weil der Streit sie am Leben erhielt. „Beide kennen die Anatomie ihrer Herzen und die schwachen Stellen. Und sie zielen kaum. Und treffen sie!“ Es war die Hölle, aber sie wärmte. Sie lebten nebeneinanderher, aber sie lebten. Und sie machten sich ihr Leben allenfalls rhetorisch zum Vorwurf. Keiner zwang den anderen, sich neu zu denken. Luiselotte Enderle fiel die Rolle der Tyrannin zu, die über ihn wachte, mit jener mütterlichen Anmaßung, die er von Kindesbeinen an kannte. Erich Kästner wiederum konnte den Weg zu Ende gehen, den Weg, der geradewegs ins Vergessen führte. Er schwand dahin wie Peter Pan, in eine Kindheit, die nie gewesen war. Als kleiner Junge wie als alter Mann fand er sich im Kerker der Liebe wieder.

Der Rausch in Permanenz ist kein Rausch, sondern Bewusstlosigkeit. „‚Herr Kästner‘, fragte Marcel Reich-Ranicki anlässlich des siebzigsten Geburtstages, ‚was würden Sie mir antworten, wenn ich Ihnen die Erfüllung dreier Wünsche durch eine gute Fee anbieten könnte? Was für drei Wünsche haben Sie noch?‘ Da hat er eine Weile überlegt und geantwortet: ‚Ich weiß das nicht. Fragen Sie mich nicht danach, mir fällt nichts ein.'"

War das der letzte Wunsch, der ihm schon Jahre vor seinem Tod erfüllt worden war: ohne Wünsche leben zu dürfen? Denn alles, was er sich je gewünscht hatte, brachte ihm letztlich kein Glück. Der Ruhm war ihm wichtig gewesen, aber so berühmt wie mancher Zeitgenosse von einst war er nie geworden. Der Ruhm hatte ihn weit gebracht, aber auf dem Olymp thronten andere. Er war auf Augenhöhe mit James Krüss und Astrid Lindgren, aber nicht mit Bertolt Brecht und Thomas Mann. Er war für viele Zeitgenossen nurmehr der Märchenonkel für Kinder, der promovierte Zauberkünstler Jokus von Pokus. Die Liebe, die er sich gewünscht hatte, in wechselnden Gestalten, die hatte ihn nie ruhen lassen, weil er den Wechsel als Glück begriff. Bis er einsah, dass Liebe nur dann Liebe ist, wenn sie zur Ruhe kommt. Wenn sie ankommt. Ein Zuhause findet. Er fand kein Zuhause. Er blieb Untermieter, lebenslänglich. Zum Hausherrn hat er es allenfalls vor dem Notar gebracht. Welche Wünsche blieben offen? Ein Testament, das wurde von ihm erwartet. Ein literarischer Abschied, der seiner würdig war. Eine Lebensbeichte. Ein Roman. Er wusste um die Erwartungen – und schwieg sich aus. Es blieb nur ein Wunsch, den er eigens gar nicht mehr aussprechen musste: Er wollte in Ruhe gelassen werden. „Man ist allein, und das ist kein Verkehr." Aber es fand sich kein besserer.

Der Rausch macht groß, der Rausch macht klein. Der Rausch lässt dich wie Gulliver sein. Das war nicht mehr zum Lachen. Das Lachen war ihm längst vergangen. Die Scherze, das Parlieren, die launigen Grußworte. Die Jovialität im Umgang mit den Kollegen. Alles zu viel, alles zu wenig. Trinken ist stets die falsche Lupe für das eigene Ego. Zu groß, zu klein. Entschwunden irgendwann. Im Trinken geht das Ich verloren. Es löst sich auf. Es schwimmt davon. Der Mensch, dessen Namen man zu kennen glaubt, ist nicht wiederzuerkennen. Dieser Abschied von sich selbst hat nichts Komisches. Über Trinker wird gern gelacht, wenn sie sich wie Trinker benehmen. Sie torkeln so dahin durchs Leben, Clowns mit Tränen, lustig und mitleiderregend, und letztlich fühlen sich alle erhaben, die ihnen begegnen. Denn wer wollte tauschen? Wer wollte tauschen mit einem Menschen, dem nichts mehr geblieben war als die Erinnerung an seine einstigen Träume. Erinnerungen so schmerzend, dass er nur ein Mittel fand, sie auszulöschen. Es hätte noch ein anderes gegeben.

Ein Brief hätte ihn retten können, ein Abschiedsbrief. So wie ihn Lord Chandos seinerzeit geschrieben hat, im Auftrag Hugo von Hofmannsthals, der ihn 1902 in der Berliner Zeitung *Der Tag* veröffentlichen ließ. Chandos ist eine Maske Hofmannsthals, die er in diesem Text fallen lässt, weil er seines frühen Ruhms und allzu offensichtlichen Talents überdrüssig geworden war. Alles flog ihm einst zu, Ideen und Verse, aber nichts blieb, weil nichts wirklich von Bedeutung scheint, wenn die große Ernüchterung über einen kommt. „Mein Fall ist in Kürze dieser: Es ist mir völlig die Fähigkeit abhanden gekommen, über irgend etwas zusammenhängend zu denken oder zu sprechen." Diese Verzweiflung ist wie gemacht, darüber zu schreiben. Was vermögen Worte noch, wenn sie nichts mehr bezeichnen außer der Sehnsucht nach den Inhalten, die ihnen entschwunden sind? Chandos trauert sehr beredt über die Sprachlosigkeit, die ihn überkam, für eine gewisse Zeit, denn Hofmannsthal konnte es damit nicht gut sein lassen. Er resignierte nicht. Er weinte nicht um der Tränen willen. Anstelle der Selbsterweichung, die Chandos zum Opfer seiner eigenen Hybris werden lässt, erweckt sich Hofmannsthal neu. Als einen, der ein Erbe bewahren will. Als Zeitzeugen. Die große Kraft der Sentimentalität rührt gerade daher, dem Entschwinden der einstigen Ideale ernsthaft nachtrauern zu können. Ohne Pathos. Ohne den Anspruch, neue an ihre Stelle setzen zu wollen. Hugo von Hofmannsthal gab der Sehnsucht nach Auslöschung des Ichs, die Lord Chandos so virtuos an seiner statt visioniert, nicht nach. Der Rausch bringt keine Erlösung, sei es der ästhetische oder der alkoholische. Die Erlösung vom lastenden Ego, wenn es sie denn gibt, liegt in der Erkenntnis der Unzulänglichkeit unserer Kräfte, etwas wissen zu können, was mehr ist als Trost für den Tag.

Zwanzig Jahre später hat Hofmannsthal dieser Denkungsart mit dem Lustspiel *Der Schwierige* eine Gestalt und einen Namen gegeben, der so banal klingt, Hans Karl Bühl, weil er eine scheinbar so banale Lösung für alle Lebensprobleme gefunden hat. Er rettete sich in die Bescheidenheit des Komödianten, und in die Ehe, nicht mit einer Muse, mit einer Frau: „Du machst einen so ruhig in einem selber."

Erich Kästner fand die Ruhe nicht in sich selbst. Er fand sie auch nicht in anderen. Er fand sie nicht in seiner Lyrik und nicht in seinen Kinderbüchern. Er tat alles, um von sich abzulenken, bis zum Schluss. Aber auch darüber wollte er nicht schreiben. Über die Kunst, sich selbst zu belügen. Dieses Buch hätte ihn retten können, vielleicht. Dieses eine Buch, das alle erwarteten. Wolfgang Koeppen hat es nicht geschrieben, das eine Buch, weil er sich selbst schon lange eine literarische Figur geworden war, wie er gern zugab. Irmgard Keun hat es nicht geschrieben, dieses eine Buch, ihre Autobiografie, von der sie immer sprach, von der alle sprachen, für die sie schon einen Titel hatte, der wenig Hoffnung machte:

„Kein Anschluss unter dieser Nummer". Den Titel hatte sie, aber das Leben gab es nicht mehr her, dieses eine Buch.

Erich Kästner hat es nicht geschrieben, weil er es nicht schreiben wollte, weil er es nicht schreiben konnte, was geht es uns an? Kluge Menschen haben das Recht auf Selbstzerstörung ebenso wie weniger kluge. Zudem, die Antwort auf alle Fragen war offensichtlich. Wer ich bin? Einer, der mal war. Mutterseelenallein war.

Woran starb Erich Kästner? An Melancholie. Der Krankheit zum Tode: Er kam sich selbst abhanden. Weil sich das Leiden an der Welt und an sich selbst so unentwirrbar vermengte. Weil er der Liebe nicht vertraute. Weil er seinem Denken nicht vertraute. „Ich bin gestorben dem Weltgewimmel, / Und ruh' in einem stillen Gebiet. / Ich leb' in mir und meinem Himmel, / In meinem Lieben, in meinem Lied." Ob dieses Lied andere hören oder nicht, ob es ihnen das Herz öffnet oder nur noch weiter verschließt, es war ihm gleichgültig zum Ende hin. Es konnte ihm gleichgültig sein, denn er für seinen Teil hatte mehr als genug getan. Es war nicht seine Schuld, dass es nicht gereicht hatte. Darüber ein Buch zu schreiben, geschenkt! Es hätte nichts mehr geändert. Es hätte nur ihn selbst ein wenig glücklicher machen können. Hofft man als Leser, der dieses Buch gern in den Händen gehalten hätte. Es wäre ein anderer Abschied gewesen als dieses Bild vor Augen: „Jetzt sitz ich", schrieb Erich Kästner seinem Jugendfreund Friedrich Michael im Sommer 1970, „mit etwas Whiskey ausgerüstet, am Fenster, genieße Wiese und Garten (Rosen!) und wundere mich."

V. KEIN GANZ GLÜCKLICHES LEBEN

„Manchmal müssen Träume wahr werden,
damit du siehst, dass es die falschen waren."

Matthew Perry

Alle saßen über ihn zu Gericht. Vom ersten Tag an, da er in der Öffentlichkeit stand, wurde er angefeindet. Von Vorgesetzten, die ihn zu frech fanden. Von Kollegen, die ihm seine raschen Erfolge neideten. Von Lesern, die seine Moral infrage stellten. Von Philosophen, die ihn für zu leicht befanden. Das Tribunal war hochrangig besetzt. Der oberste Richter, dem denkerischen Rang nach, formulierte die Anklage mit einer Schärfe, die nicht nur dem vermeintlichen Delinquenten verdächtig vorkommen musste: gewerbsmäßige Schwermut, ideologische Haltlosigkeit, reflexive Lethargie, kurz: Kunst als Kommerz.

Walter Benjamin exekutiert Erich Kästner in seiner Rezension *Linke Melancholie*, ohne auch nur ein Wort der Verteidigung zuzulassen. „Kästners Nihilismus aber verbirgt nichts, sowenig wie ein Rachen, der sich vor Gähnen nicht schließen kann." Der Empörungsgrad dieser Kritik, die 1931 anlässlich von Kästners Gedichtband *Ein Mann gibt Auskunft* erschien, weist darauf hin, dass es hier nicht um das Buch geht, sondern um die Person. Die Person Kästner als „Agent" einer Geisteshaltung, die Benjamin zutiefst verabscheut – weil sie ihm nur zu gut vertraut ist. Denn er selbst ist bürgerlich in all seinem Denken und Tun, revolutionär ist nur die Attitude. Und wie viele Zöglinge der „Großbourgeoisie" – Benjamins Vater war ein wohlhabender Kunsthändler, der seinen Sohn viele Jahre alimentieren musste – verachtete Benjamin den Kleinbürger zutiefst und fraternisierte stattdessen mit dem Mann des Volkes. Der Proletarier als Hoffnungsträger einer kommenden Weltrevolution mag ihm als rhetorische Figur seiner messianischen Heilslehre vertraut gewesen sein, als Mensch, als Einzelperson war er ihm fremd. Also prügelt er auf den ein, den er bestens kennt. Auf den Schriftsteller, den Dichter, der er auch hätte sein können, sein wollen, in einem anderen Leben. Denn Benjamin ist nicht weniger melancholisch als Kästner, er gibt sich nur kämpferischer, um sich seiner selbst zu erwehren.

Kästner sei ein Konjunkturritter von der lächerlichsten Gestalt, der mit seiner Feder nur zum Amüsement fuchtelt, aber nicht kämpft, geschweige denn den politischen Gegner ernsthaft ins Visier nimmt. Wie das zu geschehen hätte, darüber schweigt Benjamin. Er betont nur, nicht ohne Häme, „wie sehr der Posten dieser linksradikalen Intelligenz ein verlorener ist". Weil es „Publizisten vom Schlage der Kästner, Mehring oder Tucholsky" an der Ernsthaftigkeit des Wollens mangele, so seine Unterstellung, weil sie sich klassenmäßig nicht verorten wollten, sondern stattdessen das „unbestimmte Gesicht des gesunden Menschenverstands" wie eine Maske vor sich hertrugen. Weil es ihnen daher an Verbündeten fehlt. Denn es war nicht die Stunde des gesunden Menschenverstandes, den zu diskreditieren den Extremisten des Denkens so leichtfiel.

Am 17. Oktober 1930 hielt Thomas Mann im Bonner Beethoven-Saal eine Rede, eine *Deutsche Ansprache*, die er als „Appell an die Vernunft" begriff. Die Nationalsozialisten hatten in den

Septemberwahlen einen Stimmenanteil von 18,3 Prozent erreicht und damit ihre Gefährlichkeit unter Beweis gestellt. Aber noch war Zeit, noch wäre eine Allianz zwischen den bürgerlichen und den linken Kräften des Landes möglich, ja geboten gewesen, noch war Hitler zu verhindern. Thomas Mann wurde nicht gehört. Sein Vorschlag einer Allianz der Vernunft verhöhnt. Hitler wurde nicht verhindert, weil das linke Lager zerstritten war. Weil sich Sozialdemokraten und Kommunisten hassten. Weil linke Wortführer der Ideologie vertrauten – und nicht der Vernunft.

Walter Benjamin hat den Falschen exekutiert. Die Beweggründe erschließen sich nicht, nicht auf der Vernunftebene. Neid mag eine Rolle gespielt haben, aber mehr noch die falsche soziologische Verortung. Benjamin sah Kästner mehr als bourgeoisen Hofnarren denn als volkstümlichen Bänkelsänger. Nicht zuletzt, weil er das Publikum verkannte, das Kästner mit seinen Gedichten zu erreichen vermochte. „Kästners Gedichte sind Sachen für Großverdiener, jene traurigen schwerfälligen Puppen, deren Weg über Leichen geht." Er empfiehlt stattdessen Brecht, den schauspielernden Proletarier. Als ob dessen Publikum ein anderes gewesen wäre. In den Theatern der Stadt saßen nicht die Arbeiter und Arbeitslosen. In den Logen mögen die Kapitalisten und Inflationsgewinnler grinsend ihren Wohlstand zur Schau gestellt haben, aber im Parterre saß wie eh und je das Bildungsbürgertum. Eben jene Menschen also, denen Benjamin unterstellt, sie seien aufs bloße Amüsement aus. Ein Irrtum. Es gab viele Lektüren, mit denen es sich leichter vergnügen ließ als mit Kästners Gedichten. Warum also wurde er gelesen? Warum wurde er geliebt?

Hans Fallada hat darüber in einer Kritik in Kästners Manier *Auskunft über den Mann Kästner* gegeben: „Ein junges Mädchen wünschte sich von mir Kästners *Ein Mann gibt Auskunft* zum

Geburtstag. … Ich frage sie: ‚Warum Kästner? Wieso gerade Kästner?‘ Gerda sagt: ‚Es ist manchmal gar nicht so einfach, anständig zu bleiben. Manchmal kriegt man solche Wut … Weißt du, darum Kästner.‘“

Anders als Walter Benjamin und viele andere Denker der allzu vornehmen Art erreichte Erich Kästner die Menschen. Wie ihm das gelang? Nach Falladas Dafürhalten, weil er ein Dichter war, „der Zehntausenden im Lande Mut macht zu einem menschlichen Durchhalten“. Es gelang ihm, weil er sich in seinen Gedichten als Mensch zeigte und nicht als lyrisches Ich. Ein poetischer Trick, vielleicht, aber er funktionierte, weil er glaubhaft wirkte. Die Menschen an das Menschliche zu erinnern. An das Gute, das doch einmal in jedem war. Es gelingt ihm, weil er in die versunkenen Gärten der Kindheit lockt, „auch du warst einmal klein, alles war anders, alles war besser“. Die Einladung zur Sentimentalität also? Nein, ganz so einfach ist es nicht. Dafür hat Fallada ein Gespür, für das, was Selbstbetrug ist oder nur schöner Schein. Er ahnt, dass Kästners Dichten aus einer nie erfüllten Sehnsucht nach Glück herrührt. Diese Sehnsucht teilt sich seinen Lesern mit. „Denn nach einigen Kästner'schen Gedichten darf man mit Fug und Recht annehmen, dass es in seiner Kindheit jedenfalls nicht besser war. … Und aus diesem Zwiespalt entspringt einer seiner stärksten Impulse: Es hätte so schön sein können, aber es ist endgültig verpasst. Verpasst ihr anderen es nicht!“ Da ist etwas, das fehlt – vergesst es nicht, sucht danach.

Erich Kästner war ein Kleinbürger. Er stammte aus einem kleinbürgerlichen Haushalt. Er rüttelte nicht an den Fesseln seiner Existenz, sondern zupfte nur daran. Kurz: Er war immer ein wenig zu brav für die wirklichen Bohemiens und Weltenzertrümmerer. Es stand ihm nicht der Sinn nach Revolution. Musterschüler eben.

Robert Neumann, der ein Freund war und blieb, allerdings immer auf Distanz, hat mit seiner Parodie Kästners poetische Melange auf seine Weise serviert: „So gebe ich eben plauderdings dem Kurfürstendamme, / was des Kurfürstendammes ist, gut für Kunz oder Hinz. / Die halten das dann für Asphalt. Aber gleich darunter flackert mit scheu leuchtender Flamme / die Melancholie. Und ein wenig Moral. Und ein wenig Provinz."

Ein Provinzler in Berlin, noch dazu einer, dem es nie gelingt, gänzlich über seinen Schatten zu springen, weil er seiner Herkunft verpflichtet bleibt. Er will kein wirklich anderer werden, kein Fackelträger. Daraus lässt sich leicht ein Vorwurf fabrizieren, den Neumann mit seiner versierten Bosheit exakt auf den Punkt bringt. „Ist das neu? Lies den Heine, wenn du den Heine liest. Uns Erwürger / des Gefühles würgt ja doch nur das Gefühl. / Na, schon gut! Halb ein Bürgerschreck und halb ein erschrockener Bürger / dichte ich mich leicht frierend durch das Menschengewühl."

Kästner nahm den Vorwurf an, zitierte selbst bei Gelegenheit einer Geburtstagsrede auf Neumann dessen Kennzeichnung des Dichters als halbherziger Zentaur – und zeigte sich darin souveräner als viele seiner Kollegen, die rücksichtslos wütend sich über die Zeitläufte empören konnten, aber zimperlich schmollten, wenn sie selbst karikiert wurden.

Viele der Kritiken über Kästners Bücher lesen sich wie ein Zeugnis der Mittleren Reife. Immer wieder wurde er bewertet, zensiert, meist strenger als andere, so als sei seine Rolle des Musterschülers auf ewig festgeschrieben. Das moralische Dilemma, in dem er steckte, wurde als solches nicht wahrgenommen, sein Lavieren als Verzagtheit ausgelegt, weil das Richtige immer schon gewusst wurde. Für die Orthodoxen, links wie rechts, war Kästner einfach zu liederlich in seiner Lebensfreude, einerseits, und zu melancholisch in seiner Abwehr jeglichen revolutionären Überschwangs andererseits. Das alles war zu menschlich gedacht, kleinbürgerlich eben. Was Benjamin nicht sehen wollte: Dass Kästner klüger ist als seine Hoffnungen, die er dennoch in Verse bringt, weil sonst wenig mehr zu hoffen bleibt. Glück ist keine Frage des Klassenkampfes. Und Moral zunächst kein Politikum, sondern Privatsache. Es ist nicht immer die Schuld der anderen. Es ist zunächst deine persönliche Herausforderung, ein Mensch mit Anstand zu sein, ein Mensch mit Herz. Das nimmt dir die Partei nicht ab. Auch das Denken nicht. Nicht jeder Kapitalist ist ein Verbrecher, nicht jeder Proletarier ein Held der Arbeit, nicht jeder Christ ein Christus. Gewissheiten gibt es in moralischen Dingen nicht. Moral zeigt sich von Fall zu Fall. Sie ist kein Akt der Verlautbarung.

Kästners Schwermut kommt nicht aus der Routine der politischen Desillusionierung oder der Dunkelkammer der Metaphysik, sondern aus der sehr leibhaftigen Erfahrung seiner Kindheit, aus dem Wissen, dass Liebe umso mehr zum Verhängnis wird, je absoluter sie sich gibt. Er wusste, was es heißt, kein eigenes Leben haben zu dürfen, weil der andere dich nicht loslassen kann, aus Furcht sich vollends selbst zu verlieren. Deswegen steht er auf verlorenem Posten. Deswegen entzog er sich allen Ideologien. Denn sie vereinnahmen den Menschen nicht nur, sie vertilgen ihn ganz und gar in seinem Menschsein. Im Namen der Liebe. Im Namen jenseitiger Hoffnungen. Aber wer nie ein Einzelner war, ganz und gar hilflos dem Schicksal gegenüber, der kann auch nicht die Einsamkeit der anderen empfinden. Die hat Kästner empfunden. Das spüren seine Leser.

Alle vermeintlich linken Kritiker werden sich später aus dem Waffenarsenal Benjamins bedienen, bis hin zu Ruth Klüger, die Kästner schon im Titel ihres Essays *Korrupte Moral* unterstellt. Er habe sein Talent sentimental verschwendet, unter den Nazis sich vollends dem Kitsch verschrieben, „ungenügend reflektiert" sei er „oft unehrlich" in seiner Darstellung menschlicher Beziehungen gewesen, und was die Bücher „an ‚Ethik' enthalten, ist primitiv". Witzig ja, zuweilen, aber moralisch zutiefst problematisch. Letztlich also ein „trivialer Autor" mit einem eklatanten Mangel an „echter Überzeugung". Dennoch wurde er geliebt. Von Millionen auf der ganzen Welt. Die sich in ihm getäuscht haben? Die von ihm betrogen werden wollten?

Echte Überzeugung. Was ist das, „echte Überzeugung"? Auch Tucholsky hatte, wie schon angesprochen, seine Bedenken bei Kästner. Ausgerechnet Tucholsky, der mit seinen Erzählungen *Schloß Gripsholm* und *Rheinsberg* eine Tonart vorgab, die sehr geschickt und sehr verkaufsfördernd die sentimentale Sachlichkeit der Lyrik von Erich Kästner in Romanform bringt. Besser als Kästner es selbst konnte.

„Er weicht dem Olymp sehr geschickt aus", schreibt Tucholsky in seiner Besprechung von *Ein Mann gibt Auskunft*, „– ich weiß nicht, wie sein Himmel aussieht." Wie sieht der Himmel des Dichters aus? In seinem Romanfragment *Der Zauberlehrling* hat Kästner diese Frage nicht beantwortet. Denn das mag man nicht glauben, dass er sich als Olympier auf Reisen sah, als ein stets maskentragender Vagabund der Liebe, der auf seiner Tournee durch die Jahrhunderte die schönsten und unglücklichsten Frauen aufsucht, sie beglückt und ein wenig hoffnungsfroher zurücklässt, weil sie fortan wissen, dass es die wahre Liebe gibt, so unerfüllbar die Hoffnung darauf auch zu sein scheint.

Wie sieht sein Himmel aus? Wie der des Münchhausen, stets unterwegs zu sich selbst, in Geschichten, die nie ganz wahr sind, aber auch nie ganz falsch, weil sie so gut erfunden wurden, dass sie ihren Dichter unsterblich machten? Wie sieht der Himmel der Dichter aus? Mehr Asyl der Verlorenen oder mehr Elysium der glücklich Schaffenden? Hatte Tucholsky darauf eine Antwort? Oder wollte er von Kästner nur jenes Geständnis, das er sich selbst nicht eingestehen wollte? „Ich glaube: Kästner hat Angst vor dem Gefühl. Er ist nicht gefühllos; er hat Angst vor dem Gefühl, weil er es so oft in Form der schmierigsten Sentimentalität gesehen hat. Aber über den Leierkastenklängen gibt es ja doch ein: Ich liebe dich – es gehört nur eine ungeheure Kraft dazu, dergleichen hinzuschreiben." Und auszusprechen. Und zu fühlen, wenn man es ausspricht. Es ist seltsam, Tucholsky verlangt etwas von Kästner, was er selbst zeitlebens nicht vermochte: Das Leben so zu lieben, wie es ist. Weil es keinen Himmel gibt, der auf Tröstlicheres hoffen ließe. Das zwingt zur Selbstbescheidung, die schnell Vorwürfe auf sich zieht: „Da pfeift einer, im Sturm, bei Windstärke 11 ein Liedchen." Was tun Dichter anderes?

„Langt es? Langt es nicht?" Das ist die Frage, die alle an Kästner richteten. Mangelnde Kraft, monierte Tucholsky, wobei er offenließ, ob er das poetisch oder politisch meinte; mangelnde Moral beklagte der „Deutsche Frauenkampfbund gegen die Entartung im Volksleben", der ihn in die „Schmutzsonderklasse" einsortierte. Wo er auch nach dem Krieg für viele blieb. Anfeindungen von allen Seiten. „Herr Kästner, wo bleibt das Positive?" Sein Dichten war anstößig, für Hausfrauen, für Christen, für Militaristen, für Konservative jeglicher Couleur. Aber die Tatsache, dass er ein Ärgernis für die stets sich Empörenden war und blieb, brachte ihm nicht zwangsläufig den Respekt derer ein, die sich immer schon als Vordenker sahen. Für sie war und ist Kästner ein Verräter, eben weil er sich keiner Gruppierung zugesellen wollte.

„Wie sich das angepaßt hat!", empörte sich Klaus Mann 1934 anlässlich des Erscheinens von *Drei Männer im Schnee*. „Mit welcher Fixigkeit das hinuntergleitet, ganz hinab, bis zum morastigen Schlammgrund … Das war doch einmal ein Schriftsteller. Eine Zeit lang überlegte er sogar, ob er es nicht lieber bleiben wollte. Er dachte daran, in die Emigration zu gehen. Aber inzwischen hat er mit all seinen schlagfertigen Reden dahin gefunden, wohin er also gehört. Unser schlauer Junge, unser bissiger Gemütsmensch, der Humorist großen Stils …"

Die Nazis an der Macht. Die Freunde auf der Flucht. Verrückt, in Deutschland zu bleiben. Kaum einer verstand Kästner seinerzeit. Aber er hatte seine Gründe zu bleiben, gute Gründe. So glaubte er, so wollte er glauben. Er wollte Zeitzeuge sein und riskierte sein Leben dafür. Ein selbstmörderisches Unterfangen. Denn er musste mit seiner Verhaftung rechnen. Die Nazis hassten ihn. Seine Bücher waren verbrannt worden. Die Gestapo war ihm auf den Fersen. Er hätte zur Wehrmacht eingezogen werden können. Warum sollte noch irgendwer auf sein Herzleiden Rücksicht nehmen? Zwei Mal wurde er verhört und kam dennoch nicht ins Lager. Er floh nicht aus Berlin, selbst als die Bombenangriffe immer heftiger wurden. Er entging bei der Zerstörung seines Wohnhauses nur knapp dem Tod. Erst als alles zu Ende ging, verließ er bei letzter Gelegenheit die Stadt. Ins Exil gehen oder ausharren? Irmgard Keun ging ins Exil – und kehrte zurück. Sie hätte nach Amerika auswandern können, ein Mann wartete dort auf sie, aber sie wollte bei ihren Eltern bleiben. Als die Falschmeldung ihres Selbstmordes publik wurde, kehrte sie inkognito nach Köln zurück. Warum? Weil sie den Untergang Europas nicht aus der Loge verfolgen wollte.

Thomas Mann und Vicki Baum hatten alles richtig gemacht. Irmgard Keun und Erich Kästner alles falsch, so scheint es, im

Nachhinein. Im Nachhinein sind alle Propheten auf der sicheren Seite. Jeder wusste es besser. Hatte es immer schon gewusst. Der Prophet von gestern ist der Lügner von morgen. Keiner konnte seinerzeit ahnen, dass es so schlimm kommen würde. Wie viele Attentate hat Hitler überlebt? An die vierzig werden gezählt. Wer hätte es seinerzeit für möglich gehalten, dass sich die militärische Elite des Landes einem österreichischen Gefreiten unterwirft, bis zum bitteren Ende? Die Kirchenvertreter, der Adel, das Bürgertum. Viel zu viele verharrten in Nibelungentreue zum „Führer", selbst als absehbar war, dass er das Land in den Untergang treiben würde. Es widersprach der Vernunft, alles, was nach der Machtergreifung geschah, widersprach dem, was ein Mensch von Menschen erwarten konnte.

Erich Kästner musste viele Menschen sterben sehen. Er selbst war bei den Bombenabwürfen auf Berlin mehrfach nur knapp dem Tod entkommen. Jeder in Berlin war seinerzeit in ständiger Lebensgefahr, durch die unentwegten Fliegerangriffe, durch die willkürlichen Denunziationen, die terrorisierenden Verhaftungen, durch die Anarchie der Endzeit. Kästner streunte schon immer viel durch die Nacht, stets angetrunken, stets in Gefahr, ausgeraubt oder überfahren zu werden. Ihm selbst geschah in all den Wirren des Naziterrors und der Kriegsjahre wie durch ein Wunder nichts, aber die Frau, die er liebte in diesen Jahren, eine der Frauen, die er fast zu lieben glaubte, die eine sehr gute Freundin wurde, nach der Affäre, die starb bei einem Autounfall: Herti Kirchner. Erich Kästner musste die Tote identifizieren. Fortan vermied er es ein Leben lang, selbst Auto zu fahren, und ließ sich stets von Taxen befördern.

Was stirbt in dir, wenn die Frau stirbt, die du geliebt hast? Was stirbt in dir, wenn ein Freund stirbt? Erich Ohser, alias

„e. o. plauen", den er für einen Freund gehalten hatte, zu dem er auf Abstand ging, als dieser sich der Familie zuliebe dem Regime andiente: „Denn Ohser war ab 1933 in wachsendem Maße ins weite Feld der Konjunktur geraten und mißbrauchte sein Talent im Auftrage des Propagandaministeriums. Darunter litt auch die Freundschaft, die mich mit ihm verband, endgültig, trotzdem tut er mir selbstverständlich leid." Streng geurteilt über einen Toten, schließlich wirkte Kästner als Drehbuchautor am Renommierprojekt der Ufa, dem Münchhausen-Film, mit und wurde erst dann endgültig mit einem Schreibverbot belegt, als Hitler diese Mitarbeit hinterbracht wurde.

Erich Ohser beging Selbstmord, wurde von den Nazis in den Selbstmord getrieben. Wie viele andere, die Erich Kästner kannte, denen er begegnet war, die er vermissen lernte in Friedenszeiten. Denn im Krieg blieb wenig Zeit zu trauern. Es folgte Schlag auf Schlag. „Mein bester Freund aus der Seminarzeit, Hans Ludewig, der Fotograf, ist auf der Heimfahrt von der Front tödlich verunglückt. Damals [im 1. Weltkrieg, Anm. d. Verf.] fielen schon acht von fünfundzwanzig. Nun geht's wieder weiter. So ein Kulturzeitalter hat es in sich." Es war ein großes Sterben um ihn herum. Freunde, Mitarbeiter, Kinder, die viel zu schnell erwachsen werden mussten.

Das Buch *Emil und die Detektive* war 1931 verfilmt worden und hatte Erich Kästner weltberühmt gemacht. Der Film brachte viel Geld ein, wurde in London und New York gezeigt. Von den vielen Kinderschauspielern, die den Film so beliebt gemacht hatten, überlebten nur zwei den Krieg. Emil war nicht darunter. Sein Darsteller, Rolf Wenkhaus, meldete sich freiwillig zum Militär, flog mit an Bord eines Bombers, der im Januar 1941 vor der westirischen Küste abgeschossen wurde.

Erich Kästner selbst starb 1942, so zumindest vermeldete es der Nachruf in einer Emigrantenzeitung: „Als ein Daheimgebliebener, der den Regierern seines Landes gewiss keine Konzession gemacht hat, ist in Berlin kurz vor seinem 43. Geburtstag, der Dichter Erich Kästner gestorben." Ein Nachruf zu Lebzeiten, der ihm keineswegs gefallen haben wird, weniger der faktischen Meldung seines Todes wegen, die er eher amüsiert zur Kenntnis nahm, als vielmehr wegen des Nachrufes selbst. Erich Kästner sah sich immer gern in Konkurrenz, insbesondere zu Bertolt Brecht und zu Thomas Mann. Aber deren Ruhm wuchs in der Emigration, während er, der Daheimgebliebene, kaum mehr eine Zeile schreiben konnte ohne Angst, verhaftet zu werden. Er war gestorben als Schriftsteller, zumindest im eigenen Land.

Angesichts der vielen Gelegenheiten, aus Nazi-Deutschland auszureisen – noch 1942 erhielt er eine befristete Sondergenehmigung für eine Reise in die Schweiz –, fragte ihn ein amerikanischer Ermittler nach dem Krieg misstrauisch, warum er denn 1942 nicht in Zürich geblieben sei: „Dachten Sie, Hitler werde den Krieg gewinnen?" – „Nein", antwortete Erich Kästner. „Wenn ich das gedacht hätte, wäre ich womöglich in der Schweiz geblieben." Er wollte die Niederlage miterleben, nicht ahnend, wie total sie sein würde und welche Verbrechen sie ans Tageslicht brachte. Sein Seufzer: „Kinder, Kinder, haben wir uns eine dämliche Zeit zum Leben rausgesucht!", zeugt von dieser Unbedarftheit, die aufgesetzt wirkt, weil er durch seinen Umgang mit Nazi-Funktionären und Wehrmachtsoffizieren mehr über die Gräuel wusste, als er zuweilen wahrhaben wollte.

Irmgard Keun tauchte unter während des Krieges, Erich Kästner blieb polizeilich gemeldet. Gefährlich lebten beide. Selten fiel nach dem Krieg ein anerkennendes Wort über ihren Mut. Im

Gegenteil: Beide mussten für diese Entscheidung, im Land zu bleiben, büßen, auf vielfache Weise. Fragen, Vorwürfe, Unverständnis, Häme, schlimmer noch, die Einsicht, dass es vielleicht nicht die klügste Entscheidung gewesen war. Fritz J. Raddatz berichtet „von nächtelangen, qualvollen Gesprächen mit Erich Kästner, in denen es ihn förmlich würgte in der Verzweiflung, falsch gelebt zu haben …". Gespräche, in denen er ihn, Raddatz, „nahezu anflehte, die DDR – in der ich gerade eine Kästner-Ausgabe vorbereitete – zu verlassen; ‚Machen Sie sich nicht auch schuldig?'" Und dennoch machte ihm Raddatz Jahre später sein vermeintliches „Wohlleben" damals zum Vorwurf. Andere starben, und er habe Champagner getrunken. „Und wir tanzten Tango ...", wie Kästner selbst eingestanden hatte.

Zeuge der Anklage, Zeuge der Verteidigung: Wolfgang Koeppen. „Es ist vor kurzem von einem Journalisten kritisch hervorgehoben worden, daß Erich Kästner im Dritten Reich Sekt getrunken habe. Ein seltsamer Vorwurf! Kästner lebte die braune Zeit lang in ständiger Gefahr für Leib und Leben. … Er hätte jeden Tag abgeholt werden können … Wer hätte mehr Anspruch auf Sekt und Cognac und überhaupt Stimulantien? Kästner saß im Café neben dem Tod. Gab es einen Engel oder Teufel, der ihn schützte? Ich verneige mich." Wolfgang Koeppen war ein Leidensgenosse Kästners, im vielfachen Sinn. Er emigrierte nicht, er lavierte. Er sah sich als Opfer und war zugleich Mitläufer. Und: Er blieb zum Ende des Lebens hin den großen Roman schuldig, den alle von ihm erwarteten.

Die tapfersten Widerstandskämpfer gegen die Nazis wurden allesamt nach dem Krieg geboren. Erich Kästner war kein Widerstandskämpfer gewesen, das bekannte er öffentlich: „Ich war nur passiv geblieben. Auch damals und sogar damals, als unsere Bücher brannten. Ich hatte angesichts des Scheiterhaufens nicht aufgeschrien. Ich hatte nicht mit der Faust gedroht, ich hatte sie nur in der Tasche geballt. Warum erzähle ich das? … Weil keiner unter uns und überhaupt niemand die Mutfrage beantworten kann, bevor die Zumutung an ihn herantritt."

Im April 1933 hielt sich Erich Kästner in der Schweiz auf. Er hätte bleiben können. Seine Mutter drängte ihn. Freunde drängten ihn. Nachbar von Erich Maria Remarque am Luganer See. Er konnte es sich leisten. Er tat es nicht. War das der Zeitpunkt, an dem sein Leben eine andere, glücklichere Wendung hätte nehmen können? „Ich bin ein Deutscher aus Dresden in Sachsen. / Mich lässt die Heimat nicht fort. / Ich bin wie ein Baum, der – in Deutschland gewachsen – Wenn's sein muss, in Deutschland verdorrt." Die Zeilen klingen ein wenig hilflos, wie immer, wenn ein Liebender ungeschützt spricht. Irmgard Keun erging es nicht anders. Ihr Herz überstimmte den Kopf. Sie wollte die Eltern nicht allein lassen. Sie wollte ihr Land nicht allein lassen. Sie wollte keine andere Sprache sprechen müssen. Sie wollte das Unglück nicht. Es ist ein wenig Kinderglaube, ein wenig Märchenhoffnung: Es wird schon alles gut werden. Es wurde nicht gut.

Im Nachhinein waren alle klüger. Alle wussten alles besser. Das Münchner Attentat, Tresckows Zeitbombe, Stauffenbergs halb leere Aktentasche, alle hatten geahnt, wie es ausgehen würde. Was wäre gewesen, wenn? Wenn Hitler den Bürgerbräukeller nicht früher als geplant verlassen hätte? Wenn der Bombenzünder in Hitlers Flugzeug nicht vereist wäre, wenn Stauffenberg nicht auf das zweite Sprengstoffpaket verzichtet hätte? Der Aufstand wäre gelungen. Es gab viele Gelegenheiten. Wie auch immer es dann weitergegangen wäre – Kästner hätte sich als Zeitzeuge beweisen können. Er war vor Ort.

Es ist leicht, ein Widerstandskämpfer zu sein, wenn sich der Widerstand erübrigt hat. Aber wer vermag von sich zu sagen, ob er zum Helden geboren ist oder zum Feigling, zum Mitläufer oder zum Duckmäuser, in Zeiten, da nichts, gar nichts vorhersehbar war? Im Fall Erich Kästners glauben viele, mitreden zu können. Es schien doch alles so einfach für ihn. Ein weltbekannter Autor. Die Bücher vielfach übersetzt. Ausreichend Devisen. Warum hat er das Land nicht verlassen? Weil er es Hitler nicht überlassen wollte. Weil er ungern reiste. Weil er sich in keiner anderen Sprache ausdrücken konnte. „Wir Kästners sind auf die weite Welt nicht sonderlich neugierig. Wir leiden nicht an Fernweh, sondern an Heimweh." Er haderte mit seiner Entscheidung lebenslang. Er hatte die Lage falsch eingeschätzt. Er hatte seine Landsleute falsch eingeschätzt. Aber die Unmöglichkeit, seine Heimat zu lieben, so wie er sie geliebt hatte, die erwies sich erst nach dem Krieg. Als alle Verbrechen offenbar wurden. Er hatte zu spät erkannt, welche Abgründe es im Menschen gibt.

Es war nicht Hitler. Sondern die ihm Zujubelnden. Nicht Hitler, sondern seine Helfer. Nicht Hitler, sondern die Generäle. Nicht Hitler, sondern ein Volk, das sich zu seinem Volk erniedrigte. Wie werden aus Bürgern Untertanen, aus Untertanen Bürger? Warum bleiben Untertanen Untertanen, selbst wenn sie wählen dürfen? „Sie lebten feig und wurden unansehnlich." Das gilt „für gewisse Ehepaare", das galt auch für seine Mitbürger. „Man ist zu faul, die Seele reinzuwaschen." Das Leben nach dem Krieg, es war hoffnungsloser als im Krieg selbst. „Man spricht durch Schweigen. Und man schweigt mit Worten." Die allgemeine Sprachlosigkeit, wie hatte das passieren können? Es war nicht Hitler. Es waren die Deutschen.

Dass Verbrecher Verbrecher sind, darüber war nicht groß zu diskutieren. Wohl aber über die Mitschuld der anderen, die keine Verbrecher waren. Die geglaubt hatten, in diesem Regime ihre Persönlichkeit bewahren zu können. Es gelang keinem, seine Persönlichkeit im „Dritten Reich" zu bewahren. Das ist der traurige Befund. Aber darüber wurde nach dem Krieg nicht gesprochen. Es herrschte zwei Jahrzehnte das große Schweigen.

Warum war der Glaube an ein Wirtschaftswunder so viel mächtiger als der Wille zu einer wirklichen Erneuerung? Die alten Eliten trugen keine Uniform mehr, aber sie waren nicht entmachtet. Die neue Währung im Umgang miteinander: Heuchelei. Das nahm Erich Kästner zunehmend verbittert zur Kenntnis. Der Neuanfang als ein Verhängnis. Fluch des Konjunktivs. Er war ein so wichtiger Autor gewesen, vor dem Krieg. Nach dem Krieg wurde er nicht mehr der, der er ohne Krieg hätte gewesen sein können. Er wurde gebraucht, respektiert, und mild belächelt, wenn er sich als Dramatiker versuchte, als Romancier, als Dokumentarist des Grauens. Nichts Großes gelang mehr. Den Entwurf für *Das doppelte Lottchen* hatte er schon 1942 geschrieben. Sein Kriegstagebuch *Notabene 45* wurde als Zeitzeugnis gelobt, aber literarisch rasch ad acta gelegt. *Die Schule der Diktatoren* schließlich, das Theaterstück, auf das er so große Hoffnungen gesetzt hatte, wurde dank seines Namens aufgeführt, nicht wegen der Qualität des Stückes, das durch und durch vernünftig war, aber leider nicht sehr dramatisch. Ungenügend. Die denkbar schlechteste Note für den Musterschüler.

Es waren bittere Jahre, eben weil er reichlich mit Preisen versehen wurde. Aber das war kein Vergleich zu den Ehrungen für Thomas Mann oder der erneuten Wertschätzung für Gottfried Benn, von den „psalmodischen" Huldigungen für den Kriegsdichter Ernst Jünger ganz zu schweigen. „Man sitzt all diesen Dingen und Positionen wie ein erstauntes Kind gegenüber und kann nichts dagegen tun, ohne selbstverständlich in den Geruch der Missgünstigkeit zu geraten."

Die Jahre des Ruhms waren für ihn als Schriftsteller sinnlose Jahre, das lässt er bei der Dankrede für die Verleihung des Georg-Büchner-Preises sehr deutlich anklingen: „Du bist ein zahmer Zirkuslöwe, nun komm, friß Lorbeer aus der Hand!" In dieser Rede gestand er sich öffentlich ein, eben nicht genial zu sein wie Büchner, schon gar nicht als Dramatiker, aber er verleiht der Hoffnung Ausdruck, dass etwas von seinem Werk bleiben möge. Nur was? Und für wen?

„Ruhm ist, wenn man sonst nichts davon hat." Sein Weiterleben nach dem Büchner-Preis war ein Dahinsiechen. Er kannte viele Kollegen, und viele Kollegen schätzten ihn. Aber Nähe ließ er nicht zu. Er blieb auf Distanz, auch zu sich selbst. Er verlor seine Sprache, er fand keine Worte mehr, er gab die Suche auf, er gab sich selbst auf, auch körperlich. Er vertrug keinen Champagner mehr und wechselte zu Whiskey und Bier, was seine Trunksucht verstärkte, kein Genuss, Notwendigkeit. Nur im Dahindämmern vermochte er noch zu existieren. Ein Wespenstich entzündete sich, durch Nachlässigkeit drohte eine Blutvergiftung, er hieb sich den Knöchel beim Tennisspielen, das er nicht lassen konnte, es drohte die Amputation. Er hatte im Oberkiefer keinen Zahn mehr. Die Speiseröhre war chronisch entzündet. Der Magen revoltierte. Die Tuberkulose bedurfte einer langwierigen Behandlung und heilte nie vollständig aus. Der Gang vor die Hunde, er geschah im Trippelschritt der kleinen und großen Wehwehchen. Das war nicht mehr er. Nicht mehr der Charmeur, nicht mehr der Aufklärer, nicht mehr der Dichter. Alle drei waren lange vor ihm gestorben. Insofern war der Nachruf zu Lebzeiten nicht falsch. Der

Schriftsteller Erich Kästner ist in Berlin gestorben, irgendwann im Laufe des Krieges, als ihm das Herz brach.

Erich Kästner hatte ein Klassiker werden wollen. Er sah sich lange Zeit auf Augenhöhe mit Tucholsky, Zuckmayer, Brecht. Er ist hinter seinen Erwartungen zurückgeblieben. Er ist hinter den Erwartungen vieler anderer zurückgeblieben. James Krüss erzählt in seinem Geburtstagsgruß *Stilist und Menschenfreund* von einer gemeinsamen Einladung nach Holland. Podiumsgespräch. Ein holländischer Literaturkritiker, dessen Namen Krüss nicht nennt, weil er ihn mit ewigem Vergessen strafen will, fragt, besser gesagt, unterstellt: „‚Man kann doch wohl sagen, Herr Dr. Kästner, daß Sie nur leichte Bücher schreiben, nicht wahr?‘ Da der Rest der Gesellschaft Takt besaß, blieb die Frage unbeantwortet. Kästner gab nur ein Grunzen von sich, merklich amüsiert.“ Gewogen und für zu leicht befunden. Der immer gleiche Vorwurf. Das erging Hans Fallada so, Irmgard Keun, Vicki Baum. Vielen guten Autoren wurde ihre Lesbarkeit zum Verhängnis. Was hätte die Kritiker im Fall Kästners eines Besseren belehrt? Ein Buch. Der große Roman. Aber er konnte nicht. Er wollte nicht. „Ich sehe zu. Ist das nichts?“

Schriftsteller sterben viele Tode. Denn sie sind in vielen Figuren lebendig. Aber nach und nach starben sie alle, die sechs Kästners, von denen Thornton Wilder in einem Brief an die liebe „Lieselotte“ und den lieben „Ericherl“ 1957 sprach. Der Satiriker zuerst, der Lyriker, der Dramaturg, der Romancier, der Lebemann, der Liebende – der Mensch. „Do the six E. K.'s know one another?“ Hat sich Erich Kästner je selbst gekannt?

Der Tod eines Schriftstellers kann auf viele verschiedene Weisen eintreten. Er verstummt, er wird vergessen, er bleibt verkannt, er trinkt sich zu Tode, er erstickt am Lorbeer, er erliegt der verbalen Diarrhöe. Er versteckt sich, in der Einöde, in der Öffentlichkeit, er wechselt die Profession, beginnt zu dozieren, verliert sich in Besserwisserei, politisiert. Jede Todesart hat ihren Repräsentanten und Hagiografen, was letztlich nichts nützt, wenn das Werk in Vergessenheit gerät. Wer hält den Autor am Leben? Der Leser. Literaturwissenschaftler archivieren, ihr Wissen, das des Autors, das seiner Werke, aber sie erhalten den Urheber nicht am Leben, sie konservieren ihn schlecht und recht in ihrem wissenschaftlichen Vitriol. In der Hoffnung auf Wiedererweckung, die selten genug gelingt.

Manche Schriftsteller sterben zu früh, noch vor Vollendung ihres Werks, manche zu spät, weil ihre Zeit längst verflossen ist. Manche sterben in der Hoffnung, ihre Zeit komme noch, andere wissen, ihr Tun war umsonst. Unerkannt zu sterben, ist für die einen ein Glück, weil sie ahnen, dass sie so zum Mythos werden, für die anderen ist es ein Fluch, weil all ihr Lebensglück der Ruhm zu Lebzeiten hätte sein sollen.

Viele Autoren haben ihr Sterben beschleunigt, auf die ein oder andere rabiate Weise. Frontal, indem sie sich das Leben genommen haben. Schleichend, durch Gifte, deren Sortiment alle erdenklichen Drogen umfasst. Manche durch Vernachlässigung ihres Körpers, weil sie ihn für einen Widersacher des Geistes hielten. Manche durch eine Überanstrengung des Geistes, der sie in den Wahnsinn trieb. Autoren sterben, wenn sie verstummen, das stimmt ihre Leser traurig. Aber ist dieser Tod für die Autoren selbst auch schmerzhaft oder nur die längst fällige Trennung von einem anderen Ich, mit dem es kein Auskommen mehr gab? Wenn ich nichts mehr zu sagen habe, ist das ein Trauerspiel oder die Einsicht in meine Unzulänglichkeit? Muss ich ein Versagen beklagen oder meine Bescheidenheit rühmen?

Manche Schriftsteller sterben zu früh, weil die Leser sich zu erwachsen glauben. Der Autor, der gestern noch der Größte war, ist morgen schon Anlass zur Scham. Die einen wollen mit Hesse alt werden, die anderen behaupten, ihn nie gekannt oder gar gelesen zu haben. Johannes Mario Simmel ist tot, und mit ihm sind auch seine Leser gestorben. Hans Fallada ist tot, aber lebendig in der Erinnerung, dank seiner Leser. Noch regiert der *König Alkohol* auf dieser Welt, noch wird sein Buch *Der Trinker* gelesen. Und solange „kleine Leute" den Aufstand gegen das Regiment des Bösen wagen, wird *Jeder stirbt für sich allein* ein – nein, kein ästhetisches, ein herzrührendes Lehrbuch des Widerstands bleiben.

Als ich ein kleiner Junge war, war ich ein Leser. Wer war ich damals, bevor ich das erste Buch aufschlug, und wer danach? Die Frage lässt sich nicht mehr beantworten. Aber manche Gefühle lassen sich wieder hervorrufen, kleine Geschmacksproben dessen, was war. Durch die Gänge der alten Schule streifen, eine der Türen zu den Klassenzimmern öffnet sich, und dir kommt dein altes Ich entgegen, mustert dich misstrauisch, weil du nichts zu suchen hast auf diesen Fluren der Kindheit. Du bist zu alt. Du bist zu fremd. Dein Blick ist zu neugierig.

Als Leser nimmt man oft Abschied, von den Kinderbüchern, den Jugendbüchern, den Büchern, die einen einst gelehrt haben, was im Erwachsenenalter selbstverständlich scheint: Moral. Als Kind hatte ich keine Moral. Ich hatte Angst, gewisse Regeln zu verletzen, weil Strafen drohten. Sobald ich mich unbeobachtet glaubte, war ich grausam. Ich zertrat Ameisen, klatschte Fliegen, nicht aus Not, aus Lust am Töten. Kinder sind grausam. Zu

Mensch und Tier. Ich ging in den Religionsunterricht, aber das lehrte mich nicht den Unterschied zwischen Gut und Böse. Ich verstand ihn, aber ich fühlte ihn nicht. Ich kannte die Zehn Gebote, von denen für mich als Kind nur wenige von Belang waren. Ich stahl meiner Mutter Geld aus dem Geldbeutel, nicht um des Stehlens willen, sondern weil ich mir den originalgetreuen Nachbau des Colts M1911 im Spielzeugladen kaufen musste. Eine Waffe macht unabhängig, das wusste jedes Kind, ob es nun auf der Ponderosa groß geworden war oder auf der Shiloh Ranch. Dass mit einer Waffe sorgsam umzugehen ist, begriff ich schmerzhaft, als mir mein Vater eine Tracht Prügel verabreichte, weil ich meiner Schwester einen Apfel vom Kopf zu schießen gedachte. Nicht mit Platzpatronen, mit Pfeil und Bogen, wie es Wilhelm Tell vorexerziert hatte.

Literatur ist nicht immer ein guter Ratgeber im Zusammenleben. Meine Schwester kam schadlos davon, weil sie unters Bett floh, und ich ließ die Hände fortan von Pfeil und Bogen. Auch wenn mein Herz für die Indianer schlug, denn Winnetou war ganz allein mein Blutsbruder und nicht der Karl Mays oder Old Shatterhands, die ich beide gar nicht zu unterscheiden vermochte. Ich begriff nur eins, Old Shatterhand war zuweilen verständnisvoller im Umgang mit seinen Feinden, als es die praktische Vernunft angeraten sein ließ. Er war nun einmal gläubiger Christ und musste immer die andere Wange hinhalten, was ihn nie in Not brachte, da er so gut mit Waffen umgehen konnte und über ausgezeichnete Körperkräfte verfügte und den lieben Gott immer auf seiner Seite wusste. Auf dem Schulhof war das ganz anders. Da wäre es Irrsinn gewesen, die andere Wange hinzuhalten. Der Mensch ist nicht gut von Natur aus. Ich war nicht gut von Natur aus. Da halfen auch Gebete nichts. Was nicht heißt, dass sie gar keine Wirkung hatten, aber Ursache und Wirkung standen in keinem verlässlichen Zusammenhang. Irgendwann hörte ich auf, abends das Vaterunser zu beten, und die Hölle tat sich dennoch nicht auf. Oder doch, es kam eine Zeit der absoluten Verwirrung und Ratlosigkeit: die Pubertät. Dass ich diese Jahre schadlos überstand, verdanke ich einem guten Freund: Erich Kästner. Mein Vater hatte mir seine *Gesammelten Schriften für Erwachsene* zum Geburtstag geschenkt. Acht Bände in grünem Leinen, schlecht gebunden, als wären sie gar nicht zum wiederholten Lesen gedacht. Aber genau das tat ich, wieder und wieder. Weil ich bei ihm etwas lernte. Erich Kästner lehrte mich drei Dinge: Freundschaft, Liebe und den Glauben an ein Happy End.

Freundschaft ist mehr als Blutsbrüderschaft, das beweist *Fabian*, der Roman, der die *Geschichte eines Moralisten* erzählen will. Tatsächlich ist es ein Freundschaftsbuch. Fabian und Labude sind zwei, die sich verstehen, die aufeinander aufpassen, obwohl sie ganz anders sind, der eine reich, der andere arm, der eine hoffnungsfroh, der andere illusionslos, der eine verliebt, der andere verspielt, bis auch er auf die große Liebe trifft. Aber das Glück macht keine Hausbesuche, beide sterben auf tragische Weise, beider Tod ist sinnlos, aber nicht für den Leser, denn er begreift, was nicht zu begreifen ist, warum die Guten immer vor die Hunde gehen – weil sie zu gut sind für diese Welt.

Andere sahen sich als Fänger im Roggen oder als kleine Steppenwölfe, ich sah mich als Fabian, in ihm glaubte ich, die Rolle meines Lebens gefunden zu haben. Ich bin einer, „der allein ist, wie sonst keiner“. Dieses pubertäre Hochgefühl der Melancholie ist wie ein Zaubertrank: Selbstmitleid, Höhenrausch, Weltschmerz, das alles auf einmal, dargereicht im Kelch der Artus-Runde, in einem Zug ausgeleert, weil nunmehr auch ein Ritter von der traurigen Gestalt und fortwährend im Kampf mit den Dämonen der Unvernunft. Das ist verrückt. Wunderbar verrückt. Sentimentalität ist das schönste Gefühl auf der Welt – sofern es irgendwo einen Menschen gibt, mit dem du es teilen kannst. Heinrich Mann hat es in seinem knappen Lob des Buches nüchterner ausgedrückt: „Man wird sentimental, ohne daß Sie es sind … Das ergibt Vergnügen für den Leser inmitten seiner Ergriffenheit."

Erwachsenwerden ist eine ernste Sache, denn es lenkt von der Kindheit ab. Und von der Jugend – aber irgendwann ist man alt genug. Alt genug, um sich erinnern zu wollen. An die glücklichen Zeiten. Als Lesen noch Freude machte. Als ein Satz, ein Gedanke sich anfühlte wie ein ganz persönliches Geschenk. Nur für mich geschrieben. Einer, der mir aus dem Herzen spricht. Weiß der Teufel, wie er das macht. Wie kann einer denken, was ich fühle, und es so viel klüger und witziger formulieren? Sodass ich mir viel bedeutender vorkomme, als ich es bin. Vor allem nicht so verloren.

Ein Gefühl, das wieder auflebt, wenn man die Bücher der Jugend aufs Neue liest. Es ist Abstand da, es ist Überheblichkeit im Spiel, denn die Naivität ist einem routinierten Besserwissen gewichen. Aber das Lächeln von damals kommt wieder. Jugendfreunde bleiben Jugendfreunde. Tun sie das? Oder wollen wir nur, dass sie es bleiben, obwohl sie längst in eine andere Zukunft enteilt sind? Ist Fabian tatsächlich noch mein Freund, der Mensch, der ich auch gewesen bin? Das empörende Ende. Fabian, der weiß, dass er nicht schwimmen kann, stürzt sich in den Fluss, um ein Kind zu retten. Fabian, der wissen muss, dass er nicht schwimmen kann. Wie darf er sich dann in den Fluss stürzen? Warum handelt er so dumm in diesem Moment? Er hilft sich nicht und er hilft nicht dem Jungen. Das Kind wird zeitlebens darunter leiden, dass ein anderer vergebens für ihn gestorben ist. Und selbst als literarische Figur betrachtet, muss sich dieses Kind überflüssig vorkommen, denn es wird nur gebraucht, um Fabian einen dramatischen Abgang zu schenken. Hat es diesen Tod wirklich gebraucht? Ja. Denn ich bin dieser Junge. Mich hat er damals gerettet. Weil ich weinen lernte. Damals habe ich viel geweint. Ich habe beim Selbstmord Labudes geweint, beim Abschied Cornelias geweint, bei der Heimkehr Fabians in seine Heimatstadt, bei den Worten der Mutter, die ihn beim Vater entschuldigt, es gab viele Stellen, die mir die Tränen in die Augen getrieben haben. Damals. Beim Wiederlesen fünfzig Jahre danach blieb die Rührung aus. Wem kann ich das zum Vorwurf machen? Mir oder Erich Kästner. Mir selbst natürlich. Aber was hat sich geändert zwischen uns? Das Gefühl der Sentimentalität ging verloren.

Fabian wollte nicht erwachsen werden. Er wollte nicht alt werden. Er wollte keine Entscheidungen treffen. Er wollte sich verlieben, aber nicht lieben. Dabei wäre doch alles so einfach gewesen. Für ihn. Für Erich Kästner selbst. Der dreizehnte Monat im Jahr, nach seiner Zählung gibt es ihn. Ein Leichtes also, sich ein besseres Drehbuch fürs Alter zu schreiben. Eins mit Happy End. Er bekennt sich zu guter Letzt zur Mutter seines Kindes, er zieht zu den beiden, altert still in der Schweiz als Familienvater, während Luiselotte Enderle die Geschichte seines Verrats als Bestseller an den Boulevard verkauft. So hätte es ausgehen können. Oder anders: Er schreibt über sein Scheitern, als Zeitgenosse, als Liebender, als Dichtender, und formuliert daraus ein letztes Bekenntnis. *Als wär's ein Stück von mir*, was Carl Zuckmayer gelang, warum hätte es Erich Kästner nicht gelingen sollen? Oder anders: Er wäre der geblieben, der er immer war. Ein Lebemann und Charmeur, der im mondänen München tanzend und tennisspielend, Saison für Saison den Sachwalter des eigenen Ruhms gibt, bis ihn der Jedermann in Salzburg vors Jüngste Gericht ruft, und gnadenhalber wieder entlässt, weil Emil und seine Jungs für ihn geradestehen. Oder anders: Er ist in Würde gealtert. Ein abgeklärter Zeitzeuge in Talkshows, einfühlsamer Mentor junger Autoren, gern gesuchter und gesehener Preisrichter, letzte moralische Instanz noch dazu.

Alles – nur nicht das: Er versteinert im Haus am Herzogpark. Im Mausoleum der Erinnerungen. Er sitzt am Fenster. Der Blick in den Garten. Der Garten ein Paradies. Das Paradies ein verlorener Ort. Vogelgezwitscher. Jahre der „heiteren Schweigsamkeit". Lieblingsspeise „Makkaroni mit Schinken". Lieblingsgetränke Bier und „kleine Witzkis". Die Flaschen überall im Haus versteckt. Die letzten Stunden allein im Krankenhaus. Die Beerdigung. Begraben unter Kränzen. Musik aus dem „Rosenkavalier". Abgespielt vom Kassettenrekorder. Ein trauriges Ende.

Ein glückliches Ende. Nicht einsam sterben, nicht ohne Liebe. Das ist alles, was ich ihm vorzuwerfen habe, als Freund, der er immer für mich war, ohne dass er es wusste: Er schuldet mir noch ein Happy End.

Unsinn. Er schuldet mir nichts. Er schuldet niemand etwas. Er hat viele Menschen glauben lassen, der Mensch sei gut. Es war nicht sein Fehler. Es ist unser Fehler, dass die Welt keine bessere ist. Er hätte der glücklichste Mensch der Welt sein können. Ach was, können – müssen. Warum wurde er nicht glücklich? Weil unsere Zeit keine glückliche ist, weil seine Zeit keine glückliche war. Es wird sie auch niemals geben, diese glückliche Zeit. Es gibt die Liebe und die Freundschaft – und die Erinnerung daran, was Liebe und Freundschaft einmal bedeuteten.

Erich Kästner starb keinen schönen Tod. Warum es erwähnen? Weil das vielleicht sein letzter Wille war, die Bitte an seine Leser: Das Leben noch einmal zu überdenken. Was ist Erfolg? Was ist Ruhm? Und wozu das alles, wenn es nicht glücklich macht?

Dieser Essay über das Sterben Erich Kästners ist keine literaturwissenschaftliche Arbeit, es ist der Versuch eines persönlichen Gesprächs mit dem Autor über den Tod hinaus. Alles, was ich aus seinem Werk, seinen Briefen und Gesprächen herauslese, steht folglich unter dem Verdacht der Voreingenommenheit. Keine meiner Überlegungen erhebt den Anspruch auf Originalität.

Der Dank gilt den Biografen, allen voran Sven Hanuschek. Der Dank gilt dem Bibliografen Johan Zonneveld, der auch persönlich jederzeit mit Rat und Auskunft zur Seite stand. Für alle Fehler, alle falschen Lesarten entschuldige ich mich.

Gregor Eisenhauer, geboren 1960, hat Germanistik und Geschichte studiert und über Arno Schmidt promoviert. Erste literarische Veröffentlichung 1994: „Scharlatane" in der „Anderen Bibliothek" von Hans Magnus Enzensberger. Zahlreiche weitere Veröffentlichungen im Eichborn Verlag, im Elfenbein Verlag, bei DuMont und im Mitteldeutschen Verlag, hier zuletzt „Liebe ohne Leiden. 55 einfache Übungen für den Herzmuskel" (2021). Er lebt als freier Schriftsteller in Berlin und schreibt seit über zwanzig Jahren Nachrufe für den Berliner „Tagesspiegel".

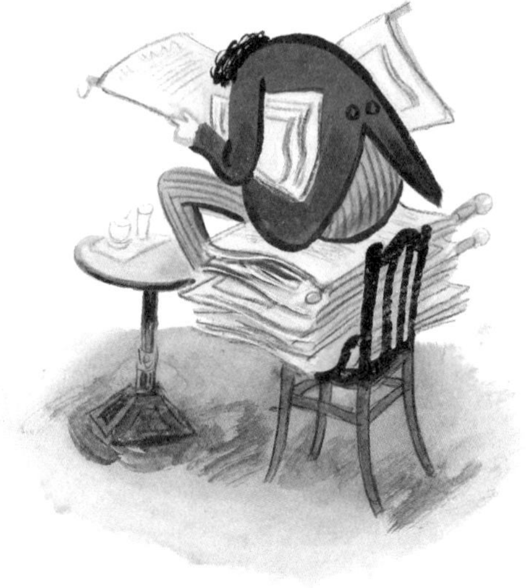